Edition Innovative Verwaltung

Die Bücher der Edition Innovative Verwaltung bieten praxisorientierte Fachinformation für Führungskräfte und Verantwortungsträger im öffentlichen Sektor. Die AutorInnen sind erfahrene PraktikerInnen aus der Kommunal-, Landes- und Bundes-Verwaltung sowie BeraterInnen und WissenschaftlerInnen. Sie teilen ihre Expertise, formulieren Empfehlungen, bieten Praxisleitfäden und geben Orientierung für eine erfolgreiche Öffentliche Verwaltung in der Zukunft. Das Themenspektrum spannt sich über die neuesten Herausforderungen in der Digitalen Verwaltung und Organisations- und Prozessthemen bis hin zu Führung und Leadership.

Weitere Bände in der Reihe http://www.springer.com/series/16438

Christina Winners

Fit für den digitalen Wandel in Kommunen

Praxisratgeber für Personaler,
Digitalisierungsverantwortliche
und Führungskräfte

 Springer Gabler

Christina Winners
Essen, Deutschland

ISSN 2662-5202 ISSN 2662-5210 (electronic)
Edition Innovative Verwaltung
ISBN 978-3-658-28490-9 ISBN 978-3-658-28497-8 (eBook)
https://doi.org/10.1007/978-3-658-28497-8

Die Deutsche Nationalbibliothek verzeichnet diese Publikation in der Deutschen Nationalbibliografie; detaillierte bibliografische Daten sind im Internet über http://dnb.d-nb.de abrufbar.

Springer Gabler
© Springer Fachmedien Wiesbaden GmbH, ein Teil von Springer Nature 2020

Springer Gabler ist ein Imprint der eingetragenen Gesellschaft Springer Fachmedien Wiesbaden GmbH und ist ein Teil von Springer Nature.
Die Anschrift der Gesellschaft ist: Abraham-Lincoln-Str. 46, 65189 Wiesbaden, Germany

Inhaltsverzeichnis

Abkürzungsverzeichnis

BGM	Betriebliches Gesundheitsmanagement
BIP	Bochumer Inventar zur berufsbezogenen Persönlichkeitsbeschreibung
Bspw.	beispielsweise
Cc	Carbon copy, in Kopie
CDO	Chief Digital Officer
D. h.	das heißt
Etc.	et cetera
Ggf.	gegebenenfalls
IT	Informationstechnik
KGST	Kommunale Gemeinschaftsstelle für Verwaltungsmanagement
KRZN	Kommunales Rechenzentrum
TVöD	Tarifvertrag für den öffentlichen Dienst
u. a.	unter anderem
u. Ä.	und Ähnliches
u.s.w.	und so weiter
u. U.	unter Umständen
vgl.	vergleiche
z. B.	zum Beispiel
z. T.	zum Teil

Digitalisierung – und warum sie so wichtig ist

1

Digitalisierung lässt sich in zweierlei Hinsicht verstehen.

In einem rein technischen Verständnis versteht man unter Digitalisierung die Aufbereitung von Informationen zur Verarbeitung oder Speicherung in einem digitaltechnischen System (Petry 2016, S. 22). Mobile Geräte, wie z. B. Notebooks und Smartphones, ermöglichen es, ortsunabhängig auf Informationen zuzugreifen und sämtliche Akteure der Wertschöpfungskette miteinander zu vernetzen. Mehr noch – intelligente Maschinen kommunizieren ohne die Hilfe des Menschen miteinander, ein Trend, der sich künftig noch verstärken wird (Arbeit 4.0 2018). In diesem engen technischen Verständnis bedeutet Digitalisierung „nur", dass sich wesentliche Abläufe am Arbeitsplatz „digital" vollziehen, dass also beispielsweise kein Papier-Archiv vorhanden ist (Interview 7). Alle Informationen werden auf Datenträgern gespeichert und klassische Komponenten des E-Governments kommen zum Einsatz, wie Dokumentenmanagementsysteme oder E-Payment (Interview 9).

In einem erweiterten Verständnis geht es um mehr als um den Einsatz von Technologien. Digitalisierung beschreibt hier den gesamten Transformationsprozess, den die Lebens- und Arbeitswelten infolge der neuen technologischen Möglichkeiten durchlaufen (Interview 2). Durch die zunehmende Vernetzung werden neue Formen der Gemeinschaft, des Zusammenarbeitens und des Wirtschaftens möglich. Ausdruck dieser Entwicklung sind z. B. Plattformen zur Vernetzung nachbarschaftlicher Aktivitäten, Sharing-Dienste zum Teilen und gemeinsamen Bearbeiten von Dokumenten oder Streaming-Dienste für Musik (Groß und Krellmann 2017a, S. 4).

In der Unternehmenswelt betrifft der Trend zur Vernetzung einerseits Unternehmen der Privatwirtschaft. Sie erleben einen tief greifenden Wandel ihrer etablierten Managementpraktiken in der VUCA-Umwelt (Volatility, Uncertainty, Complexity, Ambiguity), einer Umwelt, die sich durch Unbeständigkeit, Unsicherheit, Komplexität und Vieldeutigkeit auszeichnet. So sagt Jeff Immelt, Vorstandsvorsitzende von General Electric: „Ich dachte es ginge um Technik …. Ich hatte unrecht …. Wir mussten ganz viel im Unternehmen verändern … es betrifft alles, was wir tun" (Petry 2016, S. 22). Andererseits bringt die Vernetzung spürbare Veränderungen für die Kommunen und ihre Verwaltungen mit sich. Sie können durch neue Informationstechnologien nicht nur unterstützt werden. Sie lassen sich auch neu gestalten. Die Zahl der möglichen Anwendungsgebiete ist dabei groß.

So eröffnen beispielsweise Car- und Bike-Sharing-Angebote die Möglichkeit, die Verkehrs- und Parksituation in Städten zu entspannen; spezielle Apps informieren über Wartezeiten in Bürgerbüros oder empfehlen Sehenswürdigkeiten für Touristen. Ländliche Kommunen, die ins Hintertreffen geraten, lassen sich durch digitale Nachbarschaftshilfe, Telemedizin oder die Online-Abwicklung von Verwaltungsleistungen beleben (Opiela und Thapa 2019). Digitale Foren können älteren Menschen helfen, nicht so schnell zu vereinsamen (Interview 1). Intelligente Infrastrukturen schließlich ermöglichen neue Wege im Bereich der Energieversorgung oder des autonomen Fahrens und Business Intelligence Systeme erlauben zuverlässige Vorhersagen von kommunalen Haushaltspositionen (Interview 3). In der Digitalisierung liegt damit die große Chance, die Lebens- und Standortqualität, den Bürgerservice und die Wirtschaftlichkeit kommunalen Handelns für die Gemeinschaft vor Ort wesentlich zu verbessern. „Smart Cities" können aufgebaut werden, die der deutschen Nachhaltigkeitsstrategie und den globalen Nachhaltigkeitszielen der Agenda 2030 der Vereinten Nationen entsprechen (Groß und Krellmann 2017a, S. 4 sowie Nachhaltigkeitsrat 2017).

Die neuen Möglichkeiten führen zwangsläufig zu neuen Fragen. Für viele von ihnen haben Kommunen bislang keine Antwort. So ist z. B. nach wie vor ungeklärt, wie der Datenschutz bei der zunehmenden Technisierung gewährleistet werden kann (Interview 7 und Interview 8). Wie lässt sich die wachsende Abhängigkeit von großen IT-Unternehmen verhindern (Interview 9)? Was können Verwaltungen tun, wenn Privatunternehmen durch die massenweise Ansammlung von User-Daten zu mächtig und unkontrollierbar für die Gesellschaft und den Rechtsstaat werden (Interview 1)? Kommunen müssen mittelfristig zudem über grundlegende Maßnahmenpakete nachdenken, für den Fall, dass die Menschen ihres Einzugsgebiets durch Automatisierung großflächig ihren Arbeitsplatz verlieren (Interview 9). Und sie halten im Idealfall eine bewusste Antwort für die Frage bereit, ob die Mitarbeiterinnen und Mitarbeiter des Hauses ihre Unabhängigkeit und ihr selbstständiges

Denken teilweise an Maschinen abtreten sollen. Ist es vertretbar, dass sie Entscheidungen aufgrund von Algorithmen treffen, die sie nicht genau verstehen oder erklären können (Interview 8 und Interview 9)?

Angesichts der vielen Chancen, Risiken und Entscheidungsmöglichkeiten ist klar, dass die Digitalisierung für die Kommunen kein einfacher, durchdachter Weg wird. Für die Verwaltungen, die in den letzten Jahren wenig Veränderung in ihrer Substanz erfahren haben, wird er besonders steinig. Ihre Umwandlung muss Schritt für Schritt gestaltet werden. Die Digitalisierung wird so zu einer grundlegenden, tief greifenden Verwaltungsreform (Groß und Krellmann 2017b, S. 3, Interview 2, Interview 5).

Literatur

Arbeit 4.0. (2018). *Gesundes Unternehmen. Das Arbeitgebermagazin der AOK Bayern, 1*, S. 5.

Groß, M., & Krellmann, A. (2017a). Das Ökosystem der Digitalisierung. *KGST-Denkanstöße zur Digitalen Kommune, 1*.

Groß, M., & Krellmann, A. (2017b). Rollen in der Digitalen Kommune. *KGST-Denkanstöße zur Digitalen Kommune, 2*.

Nachhaltigkeitsrat. (2017). Willkommen in der intelligenten Stadt. https://www.nachhaltigkeitsrat.de/aktuelles/willkommen-in-der-intelligenten-stadt. Zugegriffen am 15.07.2019.

Opiela, N., & Thapa, B. (2019). Lösungen fürs Land. *Kommune, 21*(3), 8–9.

Petry, T. (2016). Digital Leadership – Unternehmens- und Personalführung in der Digital Economy. In T. Petry (Hrsg.), *Digital Leadership: Erfolgreiches Führen in Zeiten der Digital Economy* (S. 21–83). Freiburg: Haufe.

Grundlegende Veränderungen infolge der Digitalisierung

2

Die Digitalisierung bringt für Verwaltungen fünf grundlegende Trends mit sich:

- **Trend 1: Anpassung an die Bedürfnisse der Verwaltungsumwelt**
- **Trend 2: Aufbau digitaler Leistungen, Prozesse und Strukturen**
- **Trend 3: Veränderung der Kommunikation**
- **Trend 4: Mobiles Arbeiten**
- **Trend 5: Wandel der Verwaltungskultur und des Mindsets**

2.1 Trend 1: Anpassung an die Bedürfnisse der Verwaltungsumwelt

Digitalisierte Verwaltungen können die Standortqualität ihrer Kommunen in großem Ausmaß gestalten. Sie sind in der Lage, sich schneller und klüger an die veränderten Bedürfnisse der Menschen und Unternehmen anzupassen als bislang. Bei der Gestaltung der – häufig gesetzlich vorgeschriebenen – Leistungen können die Wünsche der Nutzer in immer größeren Maße berücksichtigt und freiwillige Leistungen der Verwaltungen den Erfordernissen des Marktes und der Kunden entsprochen werden (Servicegedanke, Groß 2016). Die Vernetzung von Daten unterschiedlicher Ämter bietet beispielsweise die Möglichkeit, intelligente Armutsbekämpfung vor Ort zu betreiben oder Dienstleistungen bei der Gestaltung öffentlicher Räume

© Springer Fachmedien Wiesbaden GmbH, ein Teil von Springer Nature 2020
C. Winners, *Fit für den digitalen Wandel in Kommunen*, Edition Innovative
Verwaltung, https://doi.org/10.1007/978-3-658-28497-8_2

so zu verknüpfen, dass ältere Menschen in ihren Wohnungen bleiben können (Interview 1). Herausforderungen, wie der demografische Wandel, soziale Spaltung, Investitionen in die Daseinsfürsorge und die Wettbewerbsfähigkeit können ganzheitlich in den Blick genommen und integriert angegangen werden (Interview 5). Auch Ausnahmesituationen, wie Katastropheneinsätze und Flüchtlingswellen, lassen sich mit Hilfe vernetzter Daten leichter bewältigen. Verwaltungen reagieren damit agil auf VUCA-Verwaltungsumwelten, selbst wenn sie nicht die gleiche Flexibilität und Geschwindigkeit erreichen wie Unternehmen der Privatwirtschaft.

Die Tendenz der Verwaltungen, sich stärker an ihre Umwelt anzupassen, zeigt sich bereits in moderierten Bürgerbeteiligungsprozessen, die in den letzten Jahren zugenommen haben; mit der Digitalisierung bietet sich die Chance, die Menschen noch weitergehend am Geschehen in ihrer Kommune teilhaben zu lassen. Dies kann beispielsweise durch Rückmeldungen der Bürgerinnen und Bürger auf spezielle Themen und Ereignisse in „Echtzeit" geschehen. Bei aller Beschleunigung sollte dabei nicht vergessen werden, auch die Menschen mitzunehmen, die keinen oder nur bedingten Zugang zur Technik haben, weil dieser physisch nicht vorhanden oder (finanziell) nicht erreichbar ist (Interview 2). Erzeugen und nutzen Verwaltungen mit der neuen Teilhabe große Datenmengen, müssen sie sich darüber hinaus die Frage stellen, nach welchen Kriterien sie diese Daten aufbereiten, der Politik zur Verfügung stellen und das Erfahrungswissen der Menschen vor Ort einfließen lassen können (Interview 3).

Über die Bürgerorientierung hinaus nähern sich Verwaltungen auch bei der Personalakquise ihrer Umwelt an. Der Arbeitsmarkt ist vom demografischen Wandel und Fachkräftemangel geprägt. Wie die privatwirtschaftlichen Unternehmen sind Verwaltungen deshalb gezwungen, den Bedürfnissen der potenziellen Mitarbeiterinnen und Mitarbeiter zunehmend Rechnung zu tragen (Employer Branding). Dies tun sie, indem sie einerseits aktiv auf den Bewerbermarkt zugehen (Besuch von Ausbildungsbörsen, Beauftragung von Headhuntern usw.). Andererseits führen sie Online-Bewerbungsverfahren ein und eröffnen so einen zeitgemäßen, imageförderlichen Zugang für externe Bewerberinnen und Bewerber (wie es gerade bei den Jüngeren unerlässlich ist). Sind die neuen Mitarbeiterinnen und Mitarbeiter einmal eingestellt, machen die Verwaltungen für sie vor Ort immer mehr „möglich", um sie ans Haus zu binden (Flexible Arbeitszeiten, Home-Office, Vereinbarkeit von Beruf und Familie etc.). Erste Grundsteine für eine moderne Verwaltungskultur sind damit gelegt. Sie sind auch dringend nötig, wollen Verwaltungen dem teilweise eklatanten Bewerbermangel entgegentreten. Insbesondere die hart umkämpften, zahlenmäßig stark einzustellenden Jahrgänge der Generationen Y und Z stellen andere Erwartungen an ihre Arbeit, an den Arbeitgeber und die Unternehmenskultur. Mehr noch als ihre Vorgenerationen wollen sie stärker beteiligt werden, produktiv sein, Freiraum für selbstständiges Denken erfahren und gleichzeitig weniger arbeiten (Gloger 2016, S. 22 sowie Hurrelmann 2018, S. 77). Wird diesen Erwartungen nicht in geeigneter Weise entsprochen, kann sich die Bewerbersituation leicht zu einem „Post and Pray" entwickeln („Schreibe eine Stelle aus und bete, dass sich Bewerber melden", KGSt-Infotag 2019).

2.2   Trend 2: Aufbau digitaler Leistungen, Prozesse und Strukturen

Im Zuge der Digitalisierung verändern sich auch die **Schnittstellen zwischen Bürgerinnen, Bürgern, Unternehmen und ihren Verwaltungen.** Die Rahmenbedingungen für diesen Wandel sind gut. Das Online-Zugangs-Gesetz (OZG) in Verbindung mit dem E-Government-Gesetz zwingen Kommunen dazu, ihre vielfältigen Leistungen und Produkte in digitaler Form bereitzustellen. Anstelle von stationären vor-Ort-Angeboten („Mitarbeiter im Bürgerbüro") sollen digitale Lösungen erarbeitet werden, damit die Nutzer möglichst viele Leistungen von zuhause oder unterwegs mit wenigen Klicks in Anspruch nehmen können. Ein Formular, das online ausgefüllt und anschließend ausgedruckt an die Verwaltung geschickt werden muss, ist dabei nicht ausreichend (Interview 9). Stattdessen werden Prozesse digitalisiert und an deren Ende Multikanalzugänge eröffnet, vor allem für die mobilen Endgeräte der Bürgerinnen und Bürger. Personalausweise lassen sich künftig also idealerweise über das Smartphone beantragen. Gleichzeitig sollen wiederholende und standardisierte Prozessschritte automatisiert (zum Beispiel die Bearbeitung von Beihilfeanträgen), mehrfache Dateneingaben vermieden und Verwaltungsdienstleistungen antragslos (proaktiv) bereitgestellt werden. Der Zugang für die Bürgerinnen, Bürgern und Unternehmen zu Verwaltungsleistungen wird auf diese Weise schneller, serviceorientierter und einfacher, gerade auch für ältere oder behinderte Menschen (Interview 3 und Interview 5). Wartezeiten können vermindert und Dienstleistungen auch außerhalb der Öffnungszeiten ermöglicht werden; lästige, aufwendig auszufüllende und fehleranfällige Formblätter entfallen (Interview 1 und Interview 9).

Unter dem Druck der Gesetze sind Verwaltungen gezwungen, die analogen **Arbeitsabläufe**, die hinter ihren Leistungen und Produkten liegen, systematisch und flächendeckend zu untersuchen. Die Analysen gehen dabei weit über die anlassbezogenen Organisationsuntersuchungen hinaus, wie sie für weite Teile der Verwaltung derzeit typisch sein dürften. Nach ihrer Bestandsaufnahme und Analyse werden die mehrere tausend umfassenden Abläufe optimiert und anschließend technisch umgewandelt. Die Digitalisierung bringt demnach ein ausgeprägtes Prozessmanagement mit sich, das die Kommunen vor eine große Herausforderung stellt (Interview 1 und Interview 2). Im Ergebnis entstehen (fast) medienbruchfreie und effiziente Systeme, mit denen Einsparungen im administrativen Massengeschäft erzielt und Kundenströme reduziert oder gar aufgehoben werden können. Die Kapazitäten, die auf diese Weise „freigeschaufelt" sind, lassen sich für verstärkte Beratungsleistungen am Kunden bzw. andere freiwillige Leistungen nutzen (Interview 1, Interview 3 und Interview 6). Denkbar ist es auch, sie für den Abbau von Stellen zu nutzen oder für die Möglichkeit, dem demografischen Wandel und den damit verbundenen Personalabgängen entgegenzuwirken. Allerdings ist auch klar, dass mit der Digitalisierung nicht nur Einsparungen verbunden sind. Durch Investitionen (in Beratungsleistungen, Personalkapazitäten zum Anschieben der Digitalisierung und Technik, Interview 4) sind auch steigende Kosten zu erwarten.

Bei aller Technisierung wird der persönliche Kundenkontakt (noch) nicht gänzlich abgebaut; er wird über moderne Zugangswege lediglich vereinfacht, auf den digitalen Kanal verlagert und damit barrierefreier (Interview 8). Im Zuge dieser Entwicklung sind weniger Bürgerinnen und Bürger vor Ort zu erwarten. Insofern ist davon auszugehen, dass sich der Druck für die Belegschaft in publikumsintensiven Bereichen reduziert (Wilken 2017, S. 25 sowie Groß und Krellmann 2017a, S. 4). Klar ist dabei allerdings auch, dass sich diese Auswirkungen in unterschiedlichem Maß und in unterschiedlicher Geschwindigkeit zeigen. So werden Bereiche wie Bürgerbüros oder Job Center (sofern Kommunen für diese optiert haben) aller Voraussicht nach deutlichere und schnellere Veränderungen erleben als beispielsweise Bereiche wie die Forstwirtschaft.

Die Digitalisierung bringt jedoch nicht nur die Umstellung der analogen Produkte und Prozesse mit sich, die Computerisierung von Papierakten miteinbegriffen (Digitale Akte). Sie bedingt auch eine Veränderung der **Aufbauorganisation** (Structure follows strategy). Organisationseinheiten, wie z. B. Bürgerbüros und Stadtbibliotheken, können zu Service- und Begegnungsstätten umgebaut werden, große Hierarchien lassen sich verschlanken. Zudem werden neue Rollen eingerichtet. Besonders typisch sind hier der Chief Digital Officer CDO (Wilken 2017, S. 3 f.; Köhler 2018, S. 34 f.) oder die digitalen Lotsen (auch digitale Experten oder digitale Architekten genannt).

Digitale Lotsen stellen die Arbeit des CDO auf eine breite Basis. Sie werden quer aus der Verwaltung gewonnen, geschult und gut miteinander bekannt gemacht. Anschließend begeistern sie andere Mitarbeitende aus der eigenen Überzeugung heraus. Allein oder in kleinen Teams treiben sie freiwillig Digitalisierungsprojekte voran, beteiligen sich aktiv an der digitalen Verwaltungskommunikation im Haus und sind Ansprechpartner bei Fragen, Bedenken und Ängsten. Digitale Lotsen sind somit wichtige Promotoren und Multiplikatoren der Digitalisierung. Sie lassen sich in der Regel aus den Reihen der Fachkräfte gewinnen (und nicht unter den Führungskräften. (Groß und Krellmann 2017b, S. 4–6). Idealerweise sind sie überzeugt von den Möglichkeiten der Digitalisierung (sind also digitalisierungsaffin) und zeigen Entschlossenheit, Verbesserungen voranzutreiben (zeigen also einen eigenen Gestaltungswillen).

Die digitalen Lotsen sind beispielhaft für die Veränderungen in der Aufbauorganisation. Sie geben zudem einen ersten Eindruck, wohin sich die Arbeitsorganisation entwickelt („Arbeit 4.0" oder „New Work"). Wie schon in der Privatwirtschaft dürften deshalb mittelfristig auch in Verwaltungen qualifizierte Fachkräfte aus unterschiedlichsten Organisationseinheiten regelmäßig in interdisziplinären Teams an speziellen (auch nicht digitalen) Themen arbeiten. Ihre Aufgaben orientieren sich damit zumindest zeitweise an ihrer fachlichen Expertise und nicht mehr allein an ihrer Zugehörigkeit zu einem bestimmten Amt. Verwaltung wird damit weniger hierarchisch. Stattdessen werden kollaborative Arbeitsformen immer selbstverständlicher, unterstützt durch moderne Arbeitsmittel (wie z. B. Sprachassistenz statt Mails) und technische Kollaborations-Plattformen (zum Teil mit künstlicher Intelligenz versehen, die erkennt, wer im Haus am gleichen Thema arbeitet und entsprechende Verknüpfungen bildet, Interview 5, (Petry 2016, S. 36–38).

Auch der Vorschlag, ein zumindest teilagiles Projektmanagement in Verwaltungen einzuführen, spricht dafür, dass die Arbeitsorganisation in Richtung „Arbeit 4.0" tendiert. (Interview 1). Agiles Projektmanagement zeichnet sich durch ein schrittweises Vorgehen aus und umfasst Methoden wie z. B. Scrum. Es eignet sich besonders gut für mittelgroße Projekte, bei denen man interdisziplinär und schnell zu sich ständig verbessernden Ergebnissen kommen will. So konnte es der Stadt Wien mit Hilfe eines Scrum-Verfahrens beispielsweise gelingen, in einem halben Jahr eine funktionierende App für Mängelmelder zu entwickeln. Dabei bezog sie Bürger, Fachvertretungen, Freelancer und Programmierer ein und erreichte unterjährige, für die Anwender bereits nutzbare Abschnittsergebnisse (Krellmann 2018).

Das englische Wort „Scrum" bedeutet Gedränge. Das Prinzip wurde ursprünglich von Informatikern angewendet, um neue Software zu entwickeln. Mittlerweile greifen Produktentwickler aus allen Bereichen auf die Scrum-Methode zurück. Statt nach einem starren Schema oder in streng aufeinanderfolgenden Phasen arbeitet das Team in flachen Hierarchien, ohne Projektleiter. Es versucht auf Probleme agil bzw. unmittelbar zu reagieren, nach dem Motto „vertraut darauf, dass ein erfahrenes Projektteam das Projekt erfolgreich bewältigen wird, wenn es die nötigen Freiheiten hat, wenn der Projektfortschritt stets transparent ist und wenn sich die Projektmitarbeiterinnen und -mitarbeiter täglich abstimmen". Das Team arbeitet in ungestörten Entwicklungszyklen von einer bis vier Wochen (Sprints). Der Produktverantwortliche kann innerhalb dieses Entwicklungszyklus keine Veränderungen an den für diesen Zeitraum geplanten Anforderungen vornehmen; dies würde das Entwicklerteam in seiner Arbeit stören. Während eines Sprints nimmt der Produktverantwortliche seine Eindrücke und Ideen von der weiteren Entwicklung auf, um so für kommende Sprints vorplanen. Im Mittelpunkt steht das selbstorganisierende Team, das ohne Projektleitung auskommt. Scrum entspricht damit den Anforderungen von agilen Organisationen, die mit minimalen Strukturen auskommen (Petry 2016, S. 68 f.; Scheller 2017, S. XIV).

2.3   Trend 3: Veränderung der Kommunikation

Wenn die (Arbeits-)Organisation teamorientierter und agiler wird, heißt dies automatisch, dass auch der Kommunikationsfluss zwischen den Mitarbeitenden an Dynamik gewinnt. Ein offener und transparenter Austausch ist bei der Digitalisierung das A und O, sowohl nach innen als auch nach außen. Allerdings ist gerade die innerbetriebliche Kommunikation in Verwaltungen zum Teil noch starr. Sie erreicht nicht jeden im Haus („nur auf dem Dienstweg", „nur über das hausinterne Mitteilungsblatt"). Insofern darf in einer digitalen Kommune künftig alles zum Einsatz kommen, was die gegenseitige (vertikale, horizontale und diagonale) Information und Durchlässigkeit verbessert: Moderne Mitarbeiterportale, digitale Austauschforen, Blogs oder (physische) Lounge-Bereiche. Bei der Frage, welche Medien zum Einsatz kommen können, sind der Fantasie keine Grenzen gesetzt. Allerdings ist es ratsam, auf bereits existente, gut genutzte Informationsstrukturen im Haus aufzubauen und diese zielgerichtet, mit Hilfe von Mitarbeiterideen weiterzuentwickeln.

Werden die Kommunikationsflüsse modernisiert, bietet es sich an, bei dieser Gelegenheit die eigene Kommunikationskultur zu überprüfen. Um die Digitalisierung rasch auf den Weg zu bringen, muss verwaltungsintern die Bereitschaft bestehen, Informationen offen weiterzugeben und dabei auch eigene Fehler und Schwierigkeiten anzusprechen. Fehlt es an dieser Bereitschaft, kommen Probleme und Hindernisse nur mit Verspätung oder schlimmstenfalls gar nicht ans Licht. Zeitkritische Verzögerungen und Abbrüche von (digitalen) Veränderungsprojekten sind die Folge (Scheller 2017, S. 352).

2.4 Trend 4: Mobiles Arbeiten

Mit der Digitalisierung ist ein weiterer Trend für Verwaltungen verknüpft, das mobile Arbeiten (Interview 3). Durch die Vernetzung ist die Arbeit nicht mehr ortsgebunden. Im Optimalfall ist sie vollelektronisch und weitgehend papierlos (Interview 7). Sie lässt sich auch außerhalb der Verwaltungsstätten bewerkstelligen und reicht vom gelegentlichen, spontanen Arbeiten von zuhause (Home-Office) über das regelmäßige Arbeiten von zuhause (Telearbeit) bis zur Arbeit unterwegs in Bus und Bahn, im Ausland und auf Dienstreisen (Piele und Piele 2017, S. 7).

Auch das (un)regelmäßig wechselnde Arbeiten an unterschiedlichen Arbeitsplätzen vor Ort kann dem mobilen Arbeiten zugerechnet werden (Desk Sharing oder mobile Arbeitsbereiche). Die KGST differenziert hier zwischen **mobiler Arbeit** (orts- und zeitunabhängige, individuell bestimmbare Arbeit, die sich beispielsweise durch die Bereitstellung spezieller Software „ganz" abbilden lässt, sodass alle für die Arbeit notwendigen Informationen jederzeit vorhanden sind) und **mobilunterstützter Arbeit** (fremdbestimmt, Teilprozesse betreffend, gebietsspezifisch, häufig im Außeneinsatz, z. B. bei Förstern oder Mitarbeitenden des Ordnungsamtes mit Tabletts und Smart Phones, KGST-Best-Practice-Tag 2019).

Verkürzt kann man das mobile Arbeiten deswegen beschreiben als „Arbeiten an jedem Ort der Welt zu jedem Zeitpunkt" (Interview 4).

Egal in welcher Form und an welchem Ort, der Trend nach mehr Mobilität entspricht den Erwartungen der Nachwuchskräfte aus Generation Y und Z. Auch für ältere Fach- und Führungskräfte ist die neue Beweglichkeit selbstverständlich. Dies gilt besonders für diejenigen, die aus der Privatwirtschaft in die Verwaltung wechseln und an diese Praxis zum Teil gewohnt sind. Mobile Arbeit ist daher ein äußerst zugkräftiges Mittel, die eigene Arbeitgeberattraktivität auf dem hart umkämpften Arbeitsmarkt zu erhöhen. Sie kommt dem Wunsch der Beschäftigten nach mehr Gleichberechtigung entgegen; sie begünstigt die Vereinbarkeit von Beruf und Familie, hilft bei der Flexibilisierung von Arbeitszeiten und fördert die Gesundheit der Mitarbeitenden (immer vorausgesetzt, sie wird achtsam genutzt). Mobile Arbeit reduziert zudem Fahrtzeiten, Fahrtkosten, Staus und Parkraum. Sie unterstützt einen nachhaltigen, emissionsreduzierten Umgang mit der Umwelt ebenso wie das Ziel, Verwaltungsräumlichkeiten einzusparen und damit wirtschaftlich zu hauszuhalten (Wilken 2017, S. 25, Interview 7 und Interview 8).

Die Frage allerdings, wie stark jede einzelne Verwaltung mobiles Arbeiten vorantreibt, hängt nicht nur von ihrem eigenen Willen ab (inklusive der Bereitschaft des Personalrats). Maßgeblich ist auch die Mitarbeiterzahl. Größere Verwaltungen sind hier eindeutig im Vorteil. Bei ihnen verteilt sich die Arbeit auf eine größere Zahl von Köpfen. Im Unterschied zu kleinen Verwaltungen, in der manche Funktion nur von einer einzigen Person wahrgenommen wird, können große Verwaltungen trotz Home-Office eine entsprechende Mitarbeiterpräsenz vor Ort gewährleisten. Mobiles Arbeiten ist hier also deutlich leichter zu praktizieren.

2.5   Trend 5: Wandel der Verwaltungskultur und des Mindsets

In traditionellen Verwaltungskulturen ist ein vernetztes, an den Bedürfnissen der Bürgerinnen und Bürger ausgerichtetes Handeln wenig spürbar. Die Belegschaft zieht sich tendenziell auf den Standpunkt zurück, dass die Welt „da draußen" letztlich um die Verwaltung kreist („wir sind Behörde"). Sich an äußere Gegebenheiten anzupassen, ist nicht typisch für das allgemeine Verwaltungsdenken. Die Serviceorientierung hat in den letzten Jahren zwar deutlich zugenommen; unter den neuen Vorzeichen müssen hier jedoch weitere Schritte gegangen werden. In einer VUCA-Welt horchen Fach- und Führungskräfte idealerweise aktiv auf die Impulse aus der Verwaltungsumwelt (und ihrer Gesetze); sie nehmen die Bedürfnisse von Bürgerinnen, Bürgern und Unternehmen auf, tauschen amts- und ressortübergreifend Daten aus und bringen diese stimmig übereinander (Interview 3 und Interview 5).

Auf der Grundlage all dieser Informationen entwickeln sie anschließend neue Lösungen, bei denen sie auch mit neuen Ansätzen experimentieren und Fehler zulassen (Dieses Vorgehen wird auch als „kluges Scheitern" bezeichnet und basiert auf dem Prinzip „Try-Fail-Retry-Fail again-Retry", Richenhagen 2018). Verwaltungen, die so vorgehen, haben verstanden, dass Fehlertoleranz einerseits nötig ist, um an Ende kreative, zuverlässige und fehlerfreie Ergebnisse für die Bürgerinnen und Bürger zu erbringen. Andererseits geben sie sich selbst die Erlaubnis, Lösungen über Bord zu werfen, die sich als untauglich oder unzweckmäßig erwiesen haben. Damit reagieren sie flexibel; sie halten nicht an suboptimalen IT-Programmen, Lieferanten, Prozessabläufen u. Ä. fest wie andere Verwaltungen, die u. U. über Jahre hinter ihren Möglichkeiten bleiben (Interview 4).

Die neue „geistige Beweglichkeit" („aktiv und flexibel" sein, statt „reaktiv und verharrend") ist erforderlich, um wirklich „Smarte" Cities zu entwickeln und die

Gesetze mit guten Ergebnissen umzusetzen. Auch die Maßnahmen, die getroffen werden müssen, um für die Herausforderungen der Zukunft gewappnet zu sein (Nachhaltigkeit, demografischer Wandel, soziale Spaltung, Daseinsfürsorge, Wettbewerbsfähigkeit usw.), setzen Weitsicht, Kreativität und Flexibilität in Verwaltung (und Politik) voraus. Damit sich diese mentale Beweglichkeit einstellen kann, darf der Digitalisierungsprozess nicht auf wenigen Schultern ruhen. Im Gegenteil, er muss auf die kollektive Intelligenz aller Verwaltungsmitarbeiterinnen und -mitarbeiter setzen („Schwarmintelligenz"). Die Zeiten, in denen (Ober-)Bürgermeister, Landräte, Verwaltungsvorstände oder andere zentrale Akteure noch glauben konnten, alles (allein) zu wissen und zu lenken, sind spätestens jetzt vorbei. Klassische „Heroen", die den Überblick über das Ganze halten und für alles Antworten haben, gehören der Vergangenheit an. Stattdessen haben die Mitarbeitenden häufig ein größeres (Fach)wissen (und damit mehr Zugang zu Ideen und Lösungen) als ihre Führungskraft (Petry 2016, S. 40).

Wenn Verwaltungen diesen Überlegungen folgen, kommen sie zwangsläufig zu dem Schluss, dass ein fundamentaler Wandel ihrer aktuellen Kultur erforderlich ist. „Kluges Scheitern", „geistige Beweglichkeit" und „Schwarmintelligenz" gehören kaum zu den Eigenschaften, die in Behörden üblicherweise vorgefunden werden. Allerdings darf man nicht davon ausgehen, dass sich der notwendige Wandel von allein einstellt. Er muss zielgerichtet angeschoben und begleitet werden. Am Ende dieses – mühsamen und langwierigen – Prozesses steht eine rechtssichere, moderne, „digitalisierungskompatible" Verwaltungskultur.

Ein wesentlicher Bestandteil der neuen Verwaltungskultur sind die Führungskräfte. In digitalen Zeiten heißt Führung, die Mitarbeiterinnen und Mitarbeiter des Hauses echt partizipieren und an den Entwicklungen mitwirken zu lassen. Auf diese Weise wird Wissen und Kreativität aus allen Ecken und Winkeln des Hauses zusammengeführt und für den Digitalisierungsprozess genutzt. Um ein Signal in diese Richtung zu senden, ist es wichtig, dass sich die Verwaltungsspitze in einem ersten Schritt ehrlich zu dem neuen Führungsideal bekennt, innerlich wie äußerlich. Nur wenn die hier agierenden Personen den Partizipationsgedanken aufrichtig annehmen und tagtäglich praktizieren, werden ihre Absichtsbekundungen von der Belegschaft ernst genommen. Dazu sollten sie einerseits im Gegenstromverfahren kommunizieren (Top-Down und Bottom-Up, Petry und Schreckenbach 2016, S. 357). Parallel dazu sollten sie den Anstoß geben, vorhandenes Wissen im Haus auf systematische Weise transparent zu machen (z. B. durch kollaborative Arbeits- und Plattformen, Mitarbeiterportale und Wissensdatenbanken) und das Arbeiten mit digitalen Medien und Produkten fördern (z. B. mit Tablets, Smartphones etc., Groß 2016, Interview 5).

Die Veränderung der Führungskultur ist ein Erfolgsfaktor für den digitalen Wandel (neue Beweglichkeit, verändertes Führungsverständnis, Transparenz und Technisierung). Dennoch darf nicht vergessen werden, dass Teile der Belegschaft mit neuen Arbeitsformaten und smarten Maschinen überfordert sind. „Work 4.0" stößt auf Fragen, Ängste und Widerstand (Interview 3). Manche Mitarbeitende lehnen neue Technik und interdisziplinäre Teamarbeit einfach ab, ungeachtet aller Chancen, die mit ihnen verbunden sind. Oder sie stellen sich gegen eine neue, „anstrengende" Führungskultur, in der sie mehr gefordert sind. Insofern muss klar sein, dass eine neue Führungskultur auch ihre Grenzen hat. Selbst bei einer sehr zugewandten Führung mit optimalen Bedingungen werden nicht alle Mitarbeitenden mitziehen (Purps-Pardigol und Kehren 2018, S. 239 f.). Hinzukommen die Belastungen, die mit der Digitalisierung verbunden sind. Hierunter fallen vor allem die Arbeitsverdichtung durch ständige Erreichbarkeit, zunehmendes Multitasking und die Restrukturierungen während des Digitalisierungsprozesses. Sie üben Druck auf die Mitarbeiterschaft aus, die ohnehin mit einer steigenden Arbeitsbelastung durch neue Aufgaben und wachsende Krankenstände (Krankheitsvertretung) zu kämpfen hat. Unter den Zweiflern der Digitalisierung sind deshalb nicht nur Fachkräfte. Auch die für den Wandel so wichtigen (Top)Führungskräfte selbst stehen ihr bisweilen kritisch gegenüber. Dies gilt besonders dann, wenn sie der Gruppe der „Digital Ignorants" zuzurechnen sind, und teilweise für die „Digital Immigrants" (Petry 2016, S. 29 f.).

Unterschieden wird zwischen 1) **Digital Natives**, die mit digitalen Technologien aufgewachsen sind. Für diese Generation sind soziale Kontakte extrem wichtig. Sie sind „always on" sowie in ständiger Kommunikation und Interaktion mit anderen. Sie sind von klein auf gewohnt, auf (fast) alles Feedback zu geben und Informationen sehr schnell zu erhalten wie auch zu verarbeiteten. Diese Art von Kommunikation unterscheidet die Digital Natives deutlich von den Vor-Generationen. Es sind bei Weitem aber nicht nur die mit Computer und Smartphone aufgewachsenen Generationen, die Social Media nutzen bzw. ihr Kommunikationsverhalten ändern. Auch sehr viele ältere Menschen, die nicht mit digitalen Technologien groß geworden sind, die 2) **Digital Immigrants**, verschaffen sich regelmäßig einen Nachrichtenüberblick via Smartphone, checken mobil ihre E-Mails, kommunizieren über WhatsApp, kaufen online ein, surfen auf sozialen Plattformen. Die 3) **Digital Ignorants** sind hingegen Personen, die sich digitalen Technologien verweigern (siehe auch Innovative Verwaltung 2017, S. 44).

Die Zweifel und Ängste der Fach- und Führungskräfte vor „Work 4.0" kommen nicht von ungefähr. Zwar zeigen Studien, dass mobiles (und damit flexibles) Arbeiten sich positiv auf die Lebenszufriedenheit bzw. Gesundheit von Arbeitnehmern auswirkt; Home-Office wird grundsätzlich begrüßt und dankbar angenommen. Gleichzeitig beschreiben die Studien deutliche Risiken. Diese bestehen vor allem dann, wenn die Grenzen zwischen Arbeit und Privatem verwischen (Spielregeln schützen vor Überlastung 2019, S. 8 f.). Besonders ältere Arbeitnehmerinnen und Arbeitnehmer der Generation 50+ sprechen zudem von Druck in Zusammenhang mit der Technisierung. Sie fühlen sich durch die Benutzung neuer Geräte oder Systeme überfordert und von Informationen überflutet. Diese Ergebnisse werden von Studien untermauert, die zeigen, dass sich Bürokräfte deutlich kritischer zur Digitalisierung äußern, als beispielsweise Pfleger oder Forstwirte (BKK-Studie zeigt, warum Digitalisierung Stress auslösen kann und welche Maßnahmen helfen (2018) sowie Arbeit 4.0 2018, S. 5). Die Nutzer verspüren einen regelrechten inneren Widerstand gegen die Technik, was körperliche Reaktionen wie Bluthochdruck und Herzrasen hervorruft.

Soll die Verwaltungskultur „aufgepeppt" werden, um den digitalen Wandel zu ermöglichen, sind also die Chefs sehr gefragt. Sie benötigen „neue" oder „andere" Fähigkeiten als bislang üblich. Digitale Kompetenzen (d. h. Verständnis für digitale Produkte bzw. Abläufe und einen sicheren Umgang mit digitalen Medien) und der Wille zur Veränderung allein reichen nicht aus. Stattdessen kommen Führungskräfte nicht umhin, sich zunächst aktiv mit ihren eigenen Bedenken, Widerständen und ggf. Ängsten auseinandersetzen – und mit denen ihrer Mitarbeitenden. Denn es liegt an ihnen, die „Schwarmintelligenz" mit gutem Blick auf die eigene Belastungsfähigkeit und die ihrer Mitarbeitenden zu heben. Nicht umsonst gelten Führungskräfte als die wichtigste Stellschraube (rund um die Psyche) ihrer Mitarbeitenden im Rahmen der Digitalisierung (Führungskräfte fürchten bis 2022 noch höhere Belastung (2018).

Literatur

Arbeit 4.0. (2018). *Gesundes Unternehmen. Das Arbeitgebermagazin der AOK Bayern, 1*, S. 5.
Führungskräfte fürchten bis 2022 noch höhere Belastung. (2018). *Psychische Gefährdung, 5*, S. 1.
Gloger, B. (2016). Agile Leadership mit Scrum. In T. Petry (Hrsg.), *Digital Leadership: Erfolgreiches Führen in Zeiten der Digital Economy* (S. 197–212). Freiburg: Haufe.
Groß, M. (2016). Digitalisierung braucht digitale Lotsen. *KGST-Denkanstöße, 3*, 33.
Groß, M., & Krellmann, A. (2017a). Das Ökosystem der Digitalisierung. *KGST-Denkanstöße zur Digitalen Kommune, 1*.
Groß, M., & Krellmann, A. (2017b). Rollen in der Digitalen Kommune. *KGST-Denkanstöße zur Digitalen Kommune, 2*.
Hurrelmann, K. (22. November 2018). Nicht ohne meine Eltern! *Die Zeit, 48*, S. 76–77.
Innovative Verwaltung. (2017). 5, S. 44.
KGSt-Best-Practice-Tag. (2019). *Mobiles Arbeiten*. Hamm: KGSt-Best-Practice-Tag.

KGSt-Infotag. (2019). *Organisationskultur*. Dortmund: KGSt-Infotag.

Köhler, W. (2018). Wie begeistert man Mitarbeiter für die digitale Transformation? *Harvard Business Manager Spezial*, S. 34–35.

Krellmann, A. (2018). Referentin im Programmbereich Organisations- und Informations-management bei der KGST in Köln, Telefonat im Mai 2018.

Petry, T. (2016). Digital Leadership – Unternehmens- und Personalführung in der Digital Economy. In T. Petry (Hrsg.), *Digital Leadership: Erfolgreiches Führen in Zeiten der Digital Economy* (S. 21–83). Freiburg: Haufe.

Petry, T., & Schreckenbach, F. (2016). Enterprise 2.0 als Baustein der Digitalen Transfor-mation – Status Quo der Social Media Nutzung in deutschsprachigen Unternehmen. In T. Petry (Hrsg.), *Digital Leadership: Erfolgreiches Führen in Zeiten der Digital Economy* (S. 279–292). Freiburg: Haufe.

Piele, C., & Piele, A. (2017). Mobile Arbeit: Eine Analyse des verarbeitenden Gewerbes auf Basis der IG Metall-Beschäftigtenbefragung 2017, Fraunhofer Institut für Arbeits-wirtschaft und Organisation IAO. https://www.businessmanagement.iao.fraunhofer.de/content/dam/businessmanagement/Mobile%20Arbeit.pdf. Zugegriffen am 15.07.2019.

Purps-Pardigol, S., & Kehren, H. (2018). *Digitalisieren mit Hirn: Wie Führungskräfte ihre Mitarbeiter für den Wandel gewinnen*. Frankfurt a. M.: Campus.

Richenhagen, G. (2018). Vortrag „Digitalisierung und Agilität – Trends oder Modeworte für die Zukunft der Kommunalverwaltung". INQA-Veranstaltung „Zukunft der Arbeit in der Kommunalverwaltung". 20.11.2018 in Köln.

Scheller, T. (2017). *Auf dem Weg zur agilen Organisation. Wie Sie Ihr Unternehmen dynami-scher, flexibler und leistungsfähiger gestalten*. München: Vahlen.

Spielregeln schützen vor Überlastung. (2019). *Nahdran, Magazin für Unternehmen. Barmer, 1*, S. 8–9.

Wilken, N. (2017). Bürgerservice weiter denken. Impulse zur Neuausrichtung. *KGST-Bericht 9*.

Konsequenzen für die Anforderungen an Führungskräfte

Durch die Digitalisierung verändern sich die Anforderungen an die gesamte Belegschaft. Sowohl Fach- als auch Führungskräften werden neue Fähigkeiten und Verhaltensweisen abverlangt. Da Führungskräfte als Vorgesetzte, Vorbild und Multiplikatoren im Transformationsprozess eine zentrale Rolle spielen, ist davon auszugehen, dass die „Kompetenzsprünge", die von ihnen gefordert werden, besonders groß ausfallen; ihr Selbstverständnis verändert sich substanziell. Insofern dürften auch die Trainingsmaßnahmen, die ggf. angeboten werden, um sie bei diesen Sprüngen zu unterstützen, entsprechend umfangreich ausfallen. Aus Personalentwicklungssicht (Budget- und Effizienzgründe) ist es deshalb zweckmäßig, die neuen Anforderungen an Führungskräfte zunächst genau zu beschreiben, wobei der Begriff Führungskraft hier vom Mitglied des Verwaltungsvorstandes bis zur Teamleitung reicht.

Führt man sich die fünf vorgestellten Trends vor Augen lassen sich drei zentrale Soll-Anforderungen ausmachen, die im Zuge der Digitalisierung wahrscheinlich an Bedeutung gewinnen: Die digitale Kompetenz, die Fähigkeit zur transformationalen Führung und die Fähigkeit zur mobilen Führung.

3.1   Anforderung 1: Digitale Kompetenz

Mit der Digitalisierung steigt die Nutzung digitaler Medien. Führungskräfte sollten deshalb möglichst offen sein für technische Möglichkeiten. Im besten Fall haben sie eine spielerisch-ausprobierende Haltung. So fällt es ihnen leichter, analoge

© Springer Fachmedien Wiesbaden GmbH, ein Teil von Springer Nature 2020
C. Winners, *Fit für den digitalen Wandel in Kommunen*, Edition Innovative
Verwaltung, https://doi.org/10.1007/978-3-658-28497-8_3

Prozesse und Produkte umzuwandeln und gleichzeitig Informationstechnologien (Computerprogrammen), soziale (Facebook etc.) bzw. digitale Medien (Tablets, Smartphones, Telefon- und Videokonferenzen etc.) gut anzuwenden (Holzrichter 2017, S. 4 sowie Innovative Verwaltung 2017). Gleichzeitig sollten sie die Grenzen der digitalen Medien kennen und sorgsam beachten (Akustikprobleme bei Telefonkonferenzen, Ermüdungserscheinungen bei digitalen Präsentationen oder Lesen langer-PDF-Dateien, Datenschutz bei der Nutzung von Whatsapp etc.). Insofern sind Führungskräfte gut beraten, „beidhändig" zu sein und die Balance zwischen analogen und digitalen Medien in der täglichen Nutzung gut auszuloten.

Zur digitalen Kompetenz zählt nicht nur die eigene Fähigkeit der Führungskräfte, mit Technik umzugehen. Als Vorgesetzte haben sie auch die Aufgabe, für die „digital fitness" ihrer Mitarbeiterinnen und Mitarbeiter zu sorgen. Sie können dies tun, indem sie ihren Mitarbeitenden Schulungen ermöglichen (und ihnen dabei Zeit und Ruhe einräumen). Und sie tun es durch das Vorleben des eigenen Lernwegs – gerade auch im fortgeschrittenen Alter. Besonders stark fällt ihre Vorbildwirkung dabei aus, wenn sie sich aktiv mit den Mitarbeiterinnen und Mitarbeitern über ihre eigenen Lernerfahrungen austauschen; sie werden so zum lebenden Modell. Zeigen sie beispielsweise in Dienstbesprechungen den Mut, die eigenen Erfahrungen, Ängste und Erfolge offen anzusprechen, können sie darüber hinaus Generationenunterschiede im Team ausgleichen (Crummenerl und Orsolya Seebode 2016, S. 171–173), die mit der Beschleunigung der Lebens- und Arbeitswelten an Brisanz gewinnen. Gerade jüngere Kräfte der Generation Y und Z emanzipieren sich deutlicher als ihre Vorgängergenerationen von der bisherigen Verwaltungsmentalität. Sie probieren Neues aus und gehen eigene Wege, gleich ob privat oder beruflich. Damit stehen sie im Kontrast zu den älteren Kräften im System, die tendenziell Traditionen und Regeln gehorchen und darauf achten, dass andere (jüngere) Kräfte sich nicht zu stark von (überkommenen) Traditionen entfernen. Wird die (unausgesprochene) Kluft zwischen beiden Generationen zu groß, kann unter den älteren Kräften ein deutliches Unbehagen auftreten, das im schlimmsten Fall zu innerem Rückzug und damit Zurückschrecken vor Neuerungen führt (Lewkowicz und West-Leuer 2016, S. 38). Werden die verschiedenen (und nicht nur generationsbedingten) Sichtweisen der Teammitglieder hingegen offen gemacht, können Unterschiede aufgefangen und ein „Ausklinken" einzelner Teammitglieder tendenziell vermieden werden.

3.2   Anforderung 2: Transformationale Führung

Über die digitale Fitness hinaus erfordert die Digitalisierung ein verändertes Führungsverständnis der Vorgesetzten. Ihre Rolle ist es nicht, die anstehenden – verwaltungsweiten wie fachspezifischen – Veränderungsprojekte einfach zu „ertragen". Führungskräfte sind vielmehr Angelpunkt und Treiber der Reform. Von ihnen wird erwartet, dass sie die Digitalisierung aktiv anstoßen, digitale Themen in ihrem Fachbereich vorantreiben, teilweise ergebnisoffene Prozesse neu denken und optimieren. Sie sind diejenigen, die ihren Mitarbeiterinnen und Mitarbeitern überwiegend eine Orientierung geben, wie die digitale Vision aussieht, für die Stadtverwaltung in Gänze als auch für ihr eigenes Fachgebiet (Interview 6). Gleichzeitig zeigen sie, wie sich die Aktivitäten auf diese Vision ausrichten lassen und welchen Beitrag die Mitarbeitenden dazu leisten können. Sie vermitteln Begeisterung und leben Veränderungen vor.

Von Führungskräften wird damit ein deutlich höheres Führungsengagement als bislang erwartet. Sie sind echte „Führungs"kräfte und nicht mehr „Leitungen" oder „Verwalter". Mit diesem Selbstverständnis stellen sie ihre Mitarbeitenden mit ihren individuellen, sehr unterschiedlichen Eigenheiten und Neigungen in den Fokus ihrer Arbeit; sie geben ihnen Zeit und Raum für (Digitales) Denken und würdigen ihr Engagement ausdrücklich. Der eigentliche Wendepunkt liegt jedoch einen Schritt weiter. Er liegt in dem Anspruch, dass Führungskräfte künftig einen Rahmen erzeugen, in dem die Mitarbeitenden ihr Fachwissen – das dem der Führungskräfte regelmäßig überlegen ist – und ihre spezifischen Fähigkeiten in selbstorganisierende Teams einbringen können und wollen. Nur wenn die Belegschaft mit dieser Haltung zu Arbeit kommt, kann die für die Digitalisierung nötige „Schwarmintelligenz" entstehen. Führungskräfte müssen ihre Mitarbeiterinnen und Mitarbeiter also partizipieren lassen – oder mit den Worten der aktuellen Führungsterminologie – sie müssen sie „empowern" (ermächtigen, befähigen, Blanchard et al. 1998).

Was genau können Führungskräfte tun, wenn sie ihre Fachkräfte „empowern" wollen? Sie sollten zum einen offen kommunizieren, offenes Feedback geben und dabei selbst offen sein für Kritik. Zeitgemäße, digitale Führung ist vor allem offene Führung (Groß und Krellmann 2017a, b, S. 6) sowie (Crummenerl und Orsolya Seebode 2016, S. 170–172). Hier liegt die erste Herausforderung für die Verwaltung. Denn die Erfahrung zeigt, dass offener Umgang keinesfalls selbstverständlich ist. Gerade langjährige Führungskräfte haben es gelernt, dass Wissen Macht ist. Sie haben vorgelebt bekommen, dass Vertrauen zwar gut, aber Kontrolle noch besser ist und dass wichtige Entscheidungen im stillen Kämmerlein getroffen werden (und damit intransparent nach außen). Ein solches „Silo- und Konkurrenzdenken" ist ein großer Hemmschuh für die Digitalisierung. Es ist ein Grund, warum Verwaltungen (und nicht nur sie) an ihr scheitern können (Interview 6).

Was können Führungskräfte noch tun, um ihre Fachkräfte zu „empowern"? Sie sollten an ihrem Kontrollverständnis arbeiten. „Digital Leadership" heißt die Kontrolle über Mitarbeiterinnen und Mitarbeiter zu reduzieren – was nicht heißt, dass die Mitarbeitenden tun dürfen, was sie wollen. Vielmehr muss klar sein, dass die Zielerreichung statt die Arbeitsinhalte geprüft werden. Führungskräfte geben übergeordnete Ziele und Problemstellungen vor, statten ihre Mitarbeiterinnen und Mitarbeitern mit den notwendigen Kompetenzen und Freiräumen aus und sorgen dafür, dass diese selbststeuernd arbeiten können. Sie moderieren „nur" noch die Prozesse in ihrem Team; die Detailsteuerung liegt in der sozialen Kontrolle der Teammitglieder (Schirmer 2016, S. 360).

Reichen offene Kommunikation und die Erhöhung der Mitarbeiterautonomie allein aus, damit sich der gewünschte „Schwarm"effekt bei den Mitarbeitenden zeigt? Nein. Führungskräfte brauchen eine weitere, tiefgründige Kompetenz. Um diese zu verstehen, muss man wissen, dass Menschen, die Personalführung übernehmen, zunächst einmal „nur" eine hierarchische Legalisierung für ihre Führung erhalten haben. Um erfolgreich arbeiten und das Potenzial ihrer Mitarbeitenden bei größerer Autonomisierung ausschöpfen zu können, bedürfen sie jedoch den Zuspruch ihrer Mitarbeitenden. Diese entscheiden, ob sie ihrer Führungskraft die für ihren Erfolg notwendige Legitimation zubilligen. (Sprenger 2007, S. 160: „Im Machtspiel zwischen Führungskraft und Mitarbeiter liegt die Macht beim Mitarbeiter"). Die Frage, ob die Führungskraft die Legitimation und damit uneingeschränkte Unterstützung ihrer Mitarbeitenden erhält (oder auch nicht), ist dabei entscheidend davon abhängig, ob sie unter ihnen als glaubwürdig gilt. Dies ist regelmäßig dann der Fall, wenn die Führungskraft das, was sie sagt, auch tut und damit authentisch ist. Wenn Führungskräfte das eine sagen und das andere tun, entsteht ein sogenannter Double-Bind, der verunsichert. Er enthält zwei, sich ausschließende Botschaften, die der Empfänger nicht ausführen kann. Damit entstehen bei ihm ein Gefühl von Verwirrung (z. B. „sei teamfähig, aber setz Dich durch!").

Nur wenn die Führungskraft von ihren Mitarbeitenden als authentisch erlebt wird, erhält sie von ihnen die notwendige Legitimation. Und erst dann, erst mit dieser Legitimation im Rücken, kann die Führungskraft ihrer eigentlichen, zentralen Rolle im vollen – und im Rahmen der Digitalisierung notwendigen – Maß nachkommen. Und diese Rolle heißt, ihre Mitarbeiterinnen und Mitarbeiter in die Selbstverantwortung zu bringen. Was bedeutet dies konkret für die tägliche Führungsarbeit? Es bedeutet, den Mitarbeitenden Aufgaben zu übertragen (und ihnen nicht ständig über die Schulter zu gucken und dabei die eigenen Maßstäbe aufzuzwingen) und ihnen zu helfen, für diese Aufgaben ein Verantwortungsgefühl zu entwickeln. Die Führungskraft weiß, dass sie dieses Verantwortungsgefühl nicht per Anordnung übertragen kann; es muss von den Mitarbeitenden freiwillig aufgebaut bzw. angenommen werden. Die Führungskraft leistet deshalb „Entwicklungsarbeit" bzw. „konstruktive Lernbegleitung" und zeigt ihren Mitarbeiterinnen und Mitarbeitern, dass es in deren Macht steht, die Probleme zu lösen. Auf diese Weise werden diese auf einen höheren, persönlichen Reife- und Leistungslevel geführt. Gelingt es, diesen Level in breiten Teilen der Belegschaft aufzubauen, kann die Digitalisierung vorwärtsgehen.

Die allfällige, latente Konsumhaltung der Mitarbeiterinnen und Mitarbeiter, die in Verwaltungen üblicherweise stark ausgeprägt ist, hat sich damit überlebt. Die Weiterentwicklung von Verwaltungen hängt nicht von der Zufriedenheit ihrer Mitglieder ab, wie mancher vielleicht annimmt. Sie hängt vielmehr von deren Kompetenz und Bereitschaft ab, die Situation kritisch zu analysieren, Handlungs- und Veränderungsbedarf rasch zu erkennen, zu kommunizieren und soweit wie möglich auch selbstständig wahrzunehmen. Wenn der Belegschaft dies gelingt, stellt sich die Zufriedenheit von selbst ein (Hablützel 2008, S. 351), immer vorausgesetzt, die Mitarbeiterinnen und Mitarbeitern erleben ihre Aufgabe als sinnvoll (Brandes et al. 2014, S. 24–30). Statt ihren Mitarbeitenden also die Wahl abzunehmen, Ratschläge zu erteilen und Feuerwehr zu spielen (und dabei gleichzeitig zu beklagen, dass alles zu viel ist. „Alles muss man selber machen"), ist es an der Führungskraft, ihr Team eigene Wege und Antworten finden lassen; sie kann bildlich gesprochen ihren Mitarbeitenden zwar sagen, wo sie die Handschuhe und die Zange finden; sie darf die Kohlen der Arbeit aber nicht selbst aus dem Feuer holen. Dieser Grundsatz gilt aller Voraussicht nach besonders für die Führung der – vermeintlich – „verantwortungsarmen" Nachwuchsgeneration Y, die stärker als ihre Vorgenerationen mit Helikoptereltern und einem hohen Aktivitätsniveau aufwuchsen und damit zumindest in Teilen schrittweise „Verantwortungsanerziehung" benötigen.

Ein solches Führungsverständnis, das Menschen etwas zutraut, Kontrolle aufgibt und alles aus ihnen herausholt, setzt vor allem ein positives Menschenbild und Vertrauen bei den Führungskräften zu den Fähigkeiten der ihr anvertrauten Menschen voraus (Holzrichter 2017, S. 18). Führungskräfte, die ihre Mitarbeiterinnen und Mitarbeiter als starke Partner betrachten, verstärken das Vertrauen bei den Mitarbeitenden zu sich selbst und damit auch deren Leistungsfähigkeit. Ihr Glaube „an das Gute im Menschen" ist wirksam und hat einen positiven Gesamteffekt, selbst wenn sich unter ihren Mitarbeitenden Personen befinden, die diesbezüglich enttäuschen (KGSt-Infotag 2019). Sind Führungskräfte „auf Vertrauen" gepolt, lassen sie bei ihren Mitarbeitenden auch Fehler zu, in dem Wissen, dass ohne Fehler kein Lernen möglich ist und damit die „5 gerade sein". Fehleranalysen werden durchgeführt, ohne anzuklagen (Sprenger 2007, S. 189–200). Die Frage, ob eine Führungskraft „gut" ist, hängt also in erster Linie von ihrer inneren Haltung ab. Diese spüren die Mitarbeiterinnen und Mitarbeiter unbewusst oder bewusst sehr deutlich. Will eine Führungskraft alles aus ihren Mitarbeitenden herausholen, sieht sie sich als „Befähiger" (Enabler), Entwickler oder Coach der Mitarbeitenden (Ich als Gestalter 2019 sowie Domke und Wehmeier 2019, S. 32) und nicht als ein ich-zentrierter „Held", dem es vor allem um die eigene Macht und das eigene Weiterkommen geht.

Weil Führungskräfte ihre Mitarbeitenden mit dieser Haltung über sich selbst hinauswachsen lassen oder „aufrichten" (Finger 2018), nennt die Wissenschaft sie auch transformationale Führung (Oechsler und Paul 2019, S. 317–318). Kernaspekte sind Vertrauen, Respekt, Wertschätzung, Freiheit und Verantwortlichkeit der Beteiligten, und damit auch das Geradestehen für Dinge, für die man sich im Rahmen der Freiheit entschieden hat. Bei aller Orientierung in diese Richtung muss jedoch auch klar sein, dass transformationale Führung nicht immer und überall passt. Es wird weiterhin Situationen geben, die einen klassischen Anordnungs- und Kontrollstil nahelegen. Dies kann in Bereichen sein, wo Interessenkonflikte und schwierige Verwaltungsumwelten klare Entscheidungen „von oben" benötigen. Oder er wird benutzt, wenn die Einhaltung von Standards und Regelprozessen „überwacht" wird. Deshalb ist auch von der „Beidhändigkeit" der Führung die Rede, bei der Führungskräfte entscheiden, welcher Stil und welche Methode sie wann einsetzen. Im Zusammenhang mit der Digitalen Transformation und den Bereichen der Verwaltung, die davon primär betroffen sind, wird die transformationale Führung jedoch eine zunehmend große Rolle spielen (Sprenger 2007, S. 137–189; Schönbohm 2016, S. 320).

Folgt man diesen Überlegungen dürfte sich das Führungsbild in Kommunen in den nächsten Jahren deutlich verändern. Auch das Selbstverständnis der Mitarbeitenden wird sich mitentwickeln müssen, damit sie die neue Freiheit auch annehmen. Im Optimalfall ist dann stellenweise sogar „Shared Leadership" denkbar („geteilte Führung"). Hier übernimmt der für die jeweilige Themenstellung kompetenteste Mitarbeitende für eine begrenzte Dauer die Führung. Auf diese Weise kann die „Schwarmintelligenz" in selbstorganisierenden Teams deutlich intensiver ausgeschöpft werden (Schönbohm 2016, S. 320).

Im Ergebnis kommen auf Verwaltungen elementare Veränderungen hinsichtlich ihres Führungsverständnisses zu. Es ist das nahe Gegenteil von dem, was sie seit Jahrzehnten und auf vielen Positionen praktizieren. Insofern lässt sich von einem Paradigmenwechsel der Führung sprechen. Das neue Leitbild mag für den einen oder anderen Kenner des Verwaltungsapparates idealistisch anmuten, vielleicht sogar illusorisch. In diesem Fall könnte ihnen der Hinweis helfen, dass die Privatwirtschaft dieses Ideal für sich schon entdeckt hat (Schönbohm 2016). Verwaltungen sollten deshalb nicht zögern, sich auf den Weg zu machen. Nicht allein für die Digitalisierung. Sie sollten es auch tun, um der Erwartungshaltung der jüngeren Mitarbeitenden entgegen zu kommen, für die Offenheit, Transparenz und gleichberechtigter Austausch mit ihren Vorgesetzten viel selbstverständlicher sind als für die Generationen der Jahre davor. Moderne Führung ist darum ein klarer Wettbewerbsvorteil auf hart umkämpften Arbeitsmärkten.

Die Umsetzung des neuen Leitbildes wird allerdings schwierig. Widerstand ist hier vorprogrammiert. Offenheit, Glaubwürdigkeit, ein positives Menschenbild, Vertrauen und entwicklungsorientierte Führung auf Augenhöhe sind jenseits der Kindheit nur schwer zu lernen, vor allem dann, wenn sie im beruflichen Alltag über Jahrzehnte nicht oder nicht durchgehend vorgelebt und belohnt wurden. Zudem lassen sich bei der Verwaltung tendenziell Beschäftigte Typ „Gewohnheitsmensch" vorfinden. Sie sind sehr solide und zuverlässig, dafür aber weniger veränderungsfreudig (Interview 4). Dies gilt umso mehr, wenn das Durchschnittsalter in kommunalen Verwaltungen hoch ist, da bei älteren Menschen die Veränderungsbereitschaft generell nachlässt. Gleichzeitig ist in Kommunen eine konsumtive Haltung festzustellen. Stärker als anderswo erwarten hier die Mitarbeitenden, Dinge abgenommen und vieles serviert zu bekommen. Zum Dritten besteht in jeder Organisation die Tendenz zu symbiotischen Verschmelzung mit dem Vorbild Führungskraft. Das heißt Mitarbeitende machen der Führungskraft das – für sie selbst bequeme – Angebot, den „heldenhaften" Retter zu spielen, was sie zwar aus der (anstrengenden) Selbstverantwortung nimmt und sie in der Rolle der „Lehrlinge" oder „Kopien" belässt, für die Führungskräfte jedoch oft sehr verführerisch und je nach Persönlichkeit schwer ausschlagbar ist, weil es mit äußerer Anerkennung verbunden ist. Zur gleichen Zeit besteht in Verwaltungen die gegenpolige Tendenz bei Führungskräften, sich aus der Verantwortung zu entziehen und ihre Arbeit an ihre Mitarbeitenden in einer Weise zu delegieren, dass sich diese allein gelassen fühlen.

Wollen Verwaltungen ein neues Führungsverständnis aufbauen, liegt der Weg vor allem darin, dass jede Führungskraft an ihrer Offenheit, Glaubwürdigkeit, Authentizität, Vertrauen, Verantwortung sowie den damit verbundenen innerpsychischen Themen arbeitet; sie sollte sich ihrer eigenen Stärken und Grenzen sehr bewusst sein. Jeder zentrale Akteur muss sich annehmen können und seine Schwachpunkte im Alltag noch mehr beachten als bislang. Die Auseinandersetzung mit der eigenen Persönlichkeit steht bei der Personalentwicklung deshalb im Fokus. Sie ist noch wichtiger als die Vermittlung theoretischer Inhalte. Die Schulung lässt sich elegant abrunden, indem die Führungskräfte zusätzlich Wissen über agile Methoden und deren Anwendung an die Hand bekommen. Sie erhalten damit handfestes Werkzeug, das ihnen neben ihrer Persönlichkeitsentfaltung hilft, ihrer neuen Rolle als „Empowerer" im Führungsalltag nachzukommen.

3.3   Anforderung 3: Führung auf Distanz

Mit dem Ausbau des mobilen Arbeitens stehen die Führungskräfte künftig vor der Herausforderung, örtlich verteilte Teams zu führen. Die örtliche Verteilung erstreckt sich dabei zum einen auf wechselnde Arbeitsplätze innerhalb der Verwaltungsgebäude (Desk Sharing, mobile Arbeitsbereiche u. Ä.). Zum anderen umfasst sie das durchgängige oder zeitweilige Arbeiten von zuhause oder unterwegs.

Im Folgenden soll unterstellt werden, dass Telearbeit, Home-Office und Arbeiten im öffentlichen Raum vornehmlich auf freiwilliger Basis erfolgen, d. h. auf Initiative und Antrag des Mitarbeitenden. Desk-Sharing-Konzepte oder mobile Arbeitsbereiche können indes auch gegen den Willen der Mitarbeitenden ans Laufen gebracht werden. Sie erfolgen in diesem Fall auf Anordnung des Arbeitgebers und spielen in den kommenden Ausführungen eine nur untergeordnete Rolle. Unter dieser Annahme stehen Führungskräfte vor neuen Aufgaben:

1) **Führungskräfte propagieren und forcieren mobiles Arbeiten:**
Führungskräfte müssen vom mobilen Arbeiten überzeugt sind (und in Teilen zunächst einmal davon überzeugt werden). Nur dann können sie zu diesem Thema eine positive Haltung gegenüber ihren Mitarbeitenden ausstrahlen und ihren Versprechungen Taten folgen lassen. Dies setzt voraus, dass sie eigene Vorbehalte bei sich selbst erkennen. Diese Vorbehalte können sich auf das mobile Arbeiten grundsätzlich beziehen, aber auch auf mögliche Veränderungen bei den Räumen und Arbeitsstätten; nach wie vor definieren viele Führungskräfte den Status ihrer eigenen und fremden Arbeit über Präsenz vor Ort sowie Größe und Ausstattung eines Büros. Neben ihren eigenen Vorbehalten treffen sie auf Widerstände unter den Mitarbeitenden. Denen kann mobiles Arbeiten schwerfallen, weil sie keinen persönlich eingerichteten Fixpunkt mehr vor Ort haben oder mobiles Arbeiten (bei anderen) als „Drücken" interpretieren. „Remote Leadership" ist also angesagt, statt einem traditionellen „Gluckenmodell", in dem sich die Mitarbeitenden ständig vor Ort um die Führungskraft scharren („Ich habe meine Schäfchen gerne um mich. Wer nicht im Haus und bei mir ist, arbeitet auch nicht", Interview 4). Diese mittlerweile antiquiert anmutende, bei manchen Führungskräften stark ausgeprägte Haltung führt heute schon zu Dysfunktionalitäten. Sie frustriert die betroffenen, auf Home-Office hoffenden Mitarbeiterinnen und Mitarbeiter ohne sachliche Notwendigkeit und funktioniert angesichts der Notwendigkeit, attraktiver Arbeitgeber zu sein, immer weniger.

Für Führungskräfte ist es wichtig, hier ein anderes Selbstverständnis aufzubauen. Sie werden lernen müssen, eine positive Haltung zu entwickeln. In der Praxis heißt es, dass sie einen Vertrauensbonus einräumen. Sie rollen – buchstäblich – nicht mit den Augen, wenn unter den Mitarbeitenden der Wunsch nach mobilem Arbeiten auftaucht, selbst wenn sie wissen, dass es unter ihnen Menschen gibt, die das System ausnutzen könnten. Gleichzeitig sollten sie auch diejenigen Mitarbeitenden überzeugen können, die dem Thema mobilem Arbeiten skeptisch gegenüber stehen (etwa, weil sie an das traditionelle Rollenverständnis gewöhnt sind, weil es zu ihrem Leben, ihrer Einstellung, ihrem Wesenstyp besser passt oder weil Einzelbüros anders als mobile Arbeitsbereiche einfach ein angenehmeres Arbeiten ermöglichen), oder diese zumindest in eine konstruktiv-akzeptierende Haltung bringen, damit Zerwürfnisse und Widerstände im Team vermieden werden können.

2) **Führungskräfte treffen Entscheidungen, wer in ihrem Team für mobiles Arbeiten in welchem Stellenumfang zu welchem Zeitpunkt geeignet ist:** Besonders wenn Führungskräfte mobiles Arbeiten zum ersten Mal genehmigen, ist es wichtig, dass sie sich mit der Stellenbeschreibung und der persönlichen Eignung ihres antragstellenden Mitarbeitenden bewusst beschäftigen.

So müssen Führungskräfte einerseits die aktuelle Stellenbeschreibung durchdenken und mit den Mitarbeitenden gemeinsam überlegen, welcher Stellenumfang überhaupt mobil ausgeführt werden kann. Solange die Arbeit mit den Bürgerinnen und Bürgern noch face-to-face erfolgt (z. B. im Bürgerbüro, Job Center oder Ausländeramt) und nicht durch virtuelle Videokonferenzen ersetzt ist, können je nach Stelle also nur Arbeiten mobil erledigt werden, die autonom und ohne Präsenz vor Ort möglich sind, z. B. Konzeptarbeit, Dokumentationen, Telefonate, Erstellung von Präsentationen, Auswertungen, Statistiken, Rechnungswesen etc.. Dabei sind auch Fragen der Stellvertretung gemeinsam im Team zu klären.

Auf der anderen Seite stehen Führungskräfte vor der Frage, ob sich der antragstellende Mitarbeitende überhaupt für mobiles Arbeiten eignet. Sie haben einerseits eine Fürsorgepflicht für alle diejenigen, die (aus falschem Ehrgeiz) von zuhause oder unterwegs aus zu viel arbeiten (und damit latente Ansätze zum Workaholic zeigen). Andererseits haben sie eine Schutzfunktion für Antragstellende mit „klassischen" Suchterkrankungen (stoffgebunden, wie Alkohol, Drogen, oder nicht-stoffgebunden, wie Spiel-, Internetsucht). Suchterkrankungen sind ein „no-go" für Home-Office und Telearbeit. Sie müssen von der Führungskraft möglichst frühzeitig erkannt werden. Denn ohne die feste Struktur und soziale Kontrolle vor Ort besteht bei mobil arbeitenden Betroffenen das Risiko, dass sie noch tiefer in ihre Suchterkrankung fallen. Für gesunde Mitarbeitende ist hingegen die Frage zu klären, ob sie sich selbst disziplinieren, motivieren und mit weniger direkter, persönlicher Kommunikation auskommen können („hier kommt keiner im Gang entgegen"). Sind sie in ihrem Wesen so veranlagt, dass sie aktiv den Kontakt mit der Führungskraft und den Kolleginnen bzw. Kollegen im Haus über Telefon, Email oder ggf. Videokonferenzen suchen (sofern datenschutzrechtlich legitimiert)? Oder drohen sie, isoliert zu werden? In diesem Fall würden die Mitarbeitenden schlechtere Arbeitsergebnisse erzielen, gerade bei Teamarbeit. Außerdem würden sie als „menschliche Herdentiere" eher krank. Und kennt die Führungskraft den Mitarbeitenden überhaupt so genau, um eine gute Entscheidung treffen zu können? Reicht die Vertrauensbasis besonders zu neuen Mitarbeitenden schon aus, um mobiles Arbeiten bereits mit Arbeitsaufnahme zu ermöglichen? Zu guter Letzt sollte die Führungskraft

überlegen, ob Frauen und Männer ihre Rolle beim mobilen Arbeiten unterschiedlich interpretieren. So kann es durchaus vorkommen, dass gerade Frauen sich von Karriere- und Entwicklungsmöglichkeiten „abkoppeln", um aus einem traditionellen Rollenverständnis heraus die Betreuung von Angehörigen und den Haushalt sicherzustellen. In diesem Fall könnte die Führungskraft die Beweggründe in einem persönlichen Gespräch mit der Antragstellenden zumindest aufgreifen und auf die Konsequenzen hinweisen, bevor sie die Genehmigung erteilt.

Die Zusage über mobiles Arbeiten beinhaltet damit mehr als die durch Arbeitsschutz und Personalrat durchgeführten Check-Ups, ob der Mitarbeitende einen adäquaten Schreibtisch, einen abschließbaren Schrank und eine günstige Beleuchtung vorweisen kann. Um Führungskräften den Einstieg in die Entscheidung zu erleichtern, bietet die folgende Checkliste einen ersten Ansatz.

Checkliste für Führungskräfte zur Genehmigung mobilen Arbeitens
Sehr geehrte Führungskraft,

mobiles Arbeiten wird immer selbstverständlicher. Sie stehen deshalb vor der Entscheidung, ob Sie eine oder mehrere Genehmigungen für mobiles Arbeiten erteilen sollen.

Bitte beschäftigen Sie sich bewusst mit der Frage, ob Ihre antragstellenden Mitarbeitenden für mobiles Arbeiten geeignet sind oder nicht. Diese Auseinandersetzung ist besonders wichtig bei Anträgen nach umfangreicher Telearbeit oder Home-Office, bei der die persönliche Vor-Ort-Kontrolle durch Sie weitestgehend entfällt. Die folgende Checkliste soll Sie bei Ihren Überlegungen unterstützen.

Um Ihre Entscheidung möglichst differenziert zu treffen, lesen Sie bitte die folgenden Fragen in Ruhe durch. Überlegen Sie dann, ob Sie das jeweilige Kriterium eher mit „Ja" oder mit „Nein" beantworten:

Frage	Antwort
1. Fachkompetenz: • Ist mein Mitarbeitender fachlich kompetent für seine Aufgabe? • Ist er in seine Aufgabe gut eingearbeitet? • Verfügt er über ausreichend Berufserfahrung? • Kann er ohne direkte/persönliche Anleitung kompetent arbeiten? • Ist er mit seiner aktuellen Aufgabe überfordert oder unterfordert? • Ist er ausreichend sicher im Umgang mit Hard- und Software?	
2. Motivation: • Hat mein Mitarbeitender Freude an seiner Arbeit? • Hat er ein inneres Bedürfnis seine Arbeit zu tun? • Möchte er sich Aufgaben eher entziehen? • Versteht er mobiles Arbeiten als Rufbereitschaft oder Urlaub? Möchte er deshalb montags und freitags mobil arbeiten?	
3. Verantwortungsgefühl: • Sind ihm die Anforderungen an seine Stelle ausreichend bekannt und bewusst? • Identifiziert er sich mit seinen Aufgaben? • Ist er eher der Typ „Laissez-faire"?	
4. Disziplin und Selbstorganisation: • Zeigt er ein hohes Maß an Zähigkeit? • Arbeitet er strukturiert und organisiert? • Arbeitet er zuverlässig? • Arbeitet er selbstständig? • Arbeitet er seine Aufgaben termingerecht und zeitnah ab? • Kann er mobile Arbeit managen (z. B. Trolley für Akten mitbringen)? • Kann er Prioritäten hinsichtlich der anstehenden Aufgaben setzen?	
5. Fähigkeit zur Abgrenzung: • Ist er in der Lage, „Nein" zu sagen? • Wird er sich durch spät eingehende Mails oder Anrufe unter Druck gesetzt fühlen? Kann er diese ggf. liegenlassen? • Wird er Pausen einhalten? • Ist er (übertrieben) ehrgeizig?	
6. Fähigkeit zur Komplexitätsbewältigung: • Ist er fähig, Arbeit und Privates zu trennen? • Lässt er sich leicht ablenken?	
7. Möglichkeit zur Komplexitätsbewältigung: • Hat er die Möglichkeit, Arbeit und Privates zu trennen? • Ist die Betreuung von Kindern, zu pflegenden Angehörigen oder sonstigen Verpflichtungen in geeigneter Weise organisiert?	
8. Kollegiales Miteinander: • Ist er gut in das kollegiale Team integriert? • Wird der Kontakt auch über die räumliche Distanz erhalten bleiben? • Ist er im Haus gut bekannt und vernetzt?	

Frage	Antwort
9. Vertrauenswürdigkeit: • Ist mein Mitarbeitender ehrlich? • Ist er mir so gut bekannt, dass ich die Entscheidung schon heute treffen kann (wichtig gerade bei Neulingen)? • Ist das persönliche Verhältnis zu meinem Mitarbeitenden so vertrauensvoll, dass auch Probleme, die über die entfernte Führung auftreten können, gut besprochen und gelöst werden können? • Verfügt er über die notwendige Sensibilität beim Umgang mit personenbezogenen Daten und Betriebs- wie auch Geschäftsgeheimnissen?	
10. Kommunikationsverhalten: • Ist er ausreichend extrovertiert? • Ist er in seiner Persönlichkeit so veranlagt, dass er aktiv den Kontakt mit Ihnen sowie Kolleginnen bzw. Kollegen über Telefon, Email, Videokonferenzen suchen wird? • Gerät er in Gefahr, mittelfristig isoliert zu werden?	
11. Erkrankungen: • Liegen Erkrankungen oder Symptome für eine Erkrankung vor? • Gibt es Hinweise, die z. B. auf eine Suchterkrankung hindeuten, wie Alkoholismus, Spielsucht oder psychische Erkrankungen, wie z. B. depressive Episoden etc.? • Gab es solche Erkrankungen in der Vergangenheit?	
12. Nebentätigkeitgenehmigung: • Hat er eine Nebentätigkeitsgenehmigung? • Besteht die Vermutung, dass mobiles Arbeiten für die Ausübung der Nebentätigkeit genutzt wird?	
13. Verzicht auf Büro vor Ort: • Ist ihm bewusst und ist er bereit, sein festes Büro bzw. seinen festen Arbeitsplatz vor Ort zugunsten seines mobilen Arbeitsplatzes aufzugeben, wenn dies die Politik der Verwaltung ist? • Akzeptiert und erträgt er es, an wechselnden Arbeitsplätzen zu arbeiten?	
14. Räumliche Voraussetzungen: **(ggf. als Vorabcheck der Arbeitssicherheit)** • Verfügt er über ein eigenes Arbeitszimmer? • Besteht aufgrund der beruflichen Nutzung der – möglicherweise kleinen – privaten Räumlichkeiten die Gefahr, privates und berufliches auch in Bezug auf Familie zu sehr zu vermischen? Oder findet sich der Mitarbeitende in seiner Arbeit so wieder, dass er problemlos berufliches und privates mischen kann? • Sind die räumlich-technischen Bedingungen (Ergonomie, Lichthelligkeit, Internetgeschwindigkeit etc.) auf den ersten Blick überhaupt geeignet, den Anforderungen einer Arbeitssicherheits- oder gesundheitlichen Begehung zu genügen, sollten diese Teile des Verfahrens sein?	

Relevant für Ihre abschließende Entscheidung ist das Gesamtbild Ihrer Antworten. Bitte gehen Sie in sich und überlegen Sie, ob sich die meisten Ihrer Antworten in einem positiven Bereich bewegen. Überprüfen Sie Ihr Gefühl. Lassen Sie auch Raum für leise Zweifel, die ggf. aufkommen. Woran machen Sie diese fest? Sind diese berechtigt?

Kommen Sie für sich zu einem positiven Gesamtergebnis, so können Sie den Antrag genehmigen. Haben Sie Zweifel, können Sie überlegen, ob es sich lohnt, den Antrag zunächst zeitlich begrenzt zu genehmigen (wenn dies in einer Dienstvereinbarung oder anderen Absprachen entsprechend geregelt ist), um dann nach einer Zwischenbilanz erneut zu entscheiden. Sprechen Sie mit dem antragstellenden Mitarbeitenden ggf. über Ihre Bedenken und Sorgen. Kann er sie so ausräumen, dass Sie den Antrag guten Gewissens genehmigen können?

Bitte prüfen Sie mit besonderer Aufmerksamkeit das Kriterium Erkrankungen. Gerade bei Suchterkrankungen oder Depressionen ist es sinnvoller, den Mitarbeitenden in einer festen Vor-Ort-Struktur zu belassen, um eine „Entgleisung" der Erkrankung und der Arbeitsleistung zu verhindern.

Sollten Sie sich in ihrer Entscheidung unsicher fühlen, kontaktieren Sie bitte die Personal- und Gesundheitsverantwortlichen in Ihrem Haus.

3) **Führungskräfte regeln die Verteilung mobilen Arbeitens:**
Führungskräfte müssen regeln, welchem ihrer Teammitglieder mobiles Arbeiten zu welchem Zeitpunkt zugestanden wird und wie der Dienstbetrieb dabei zeitgleich aufrechterhalten bleibt. Dabei dürfen sie nicht einseitig zugunsten des Antragsstellenden entscheiden. Sie sollten bei ihrer Entscheidung das Gesamtteam im Auge behalten, inklusive der Sicherstellung ausreichender Mitarbeiterpräsenz vor Ort (Kundenorientierung) und entsprechender Vertretungsregelungen. Führungskräfte kommen so leicht an die Grenzen ihrer Entscheidungsfähigkeit, wenn sie festlegen sollen, ob der Mitarbeiter mit Kind, die Mitarbeiterin mit pflegebedürftigen Eltern oder die neue Mitarbeiterin mit 70 km Anfahrtsweg über den größten Anspruch auf einen Telearbeitsplatz bzw. Home-Office verfügt. Außerdem besteht die Möglichkeit, dass auch Mitarbeitende einen Antrag stellen, die aktuell noch keinen besonderen Bedarf an Telearbeit oder Home-Office haben, sich aber die Möglichkeit hierfür offen halten wollen („Bunkern" von Home-Office oder Telearbeit wegen Familienplanung, geplantem Umzug etc.). Auch hier stellt sich für die Führungskraft die Frage, in welchem Ausmaß sie mobiles Arbeiten „rausgibt" oder für dringende Mitarbeiterfälle der Zukunft zurückhält. Die

gleichen Schwierigkeiten stellen sich, wenn mobile Arbeitsbereiche eingerichtet werden und die Frage aufkommt, wer dort Einzug nimmt (oder nehmen muss) und wer in alt angestammten Büroräumen bleibt.

Da es für diese Art von Situationen keine Standardantworten geben kann, ist die Führungskraft gezwungen, individuell und abhängig von den Dienst- und Mitarbeiterbedingungen vor Ort pragmatische Lösungen und Kompromisse finden, und zwar nicht allein, sondern gemeinsam mit ihrem Team. Denn im Zuge stärkerer Selbstverantwortung ist es Aufgabe des Teams, hier mögliche Alternativen zu entwickeln und die Verteilung selbststeuernd zu regeln. Die Führungskraft ist vor allem denn gefragt, wenn Konflikte bei der Entscheidungsfindung auftauchen. Dieses Ausloten von Interessen und Bearbeiten von Konflikten beinhaltet ggf. auch die Rücknahme von Genehmigungen. Diese kommen dann zum Tragen, wenn sich die persönliche Eignung einzelner Mitarbeiter verändert (Mangelnde Selbstorganisation, Bekanntwerden einer Suchtproblematik etc.) oder die privaten Rahmenbedingungen bei den verschiedenen Teammitgliedern variieren (die Erziehungszeit bei einem Mitarbeitenden geht dem Ende zu, dafür bekommt ein anderer Mitarbeitender Nachwuchs und damit den Zuschlag für mobiles Arbeiten). Außerdem sollte die Führungskraft die Fähigkeit besitzen, den möglichen Frust zu dämpfen, bei denjenigen, denen (im ersten Schritt) keine mobile Arbeit gewährt wird oder die sich generell schwer mit den neuen Arbeitsbedingungen der Anderen tun (Neiddebatte: „Was ich nicht brauche, soll der Andere auch nicht haben. Und deshalb tue ich alles, damit dem Anderen die Telearbeit wieder aberkannt wird"). Die Fähigkeit, Menschen zu beruhigen, braucht sie auch für den Fall, dass ihre Mitarbeitenden gegen ihren Willen Desk Sharing praktizieren oder in mobilen Arbeitsbereichen arbeiten müssen.

Die folgende Entscheidungshilfe soll Führungskräfte bei der Aufgabe unterstützen, im Team die Frage nach Home-Office, Telearbeit oder Arbeiten im öffentlichen Raum zu regeln:

Entscheidungshilfe zur Regelung des mobilen Arbeitens im Team
Sehr geehrte Führungskraft,

Home-Office, Telearbeit und Arbeiten im öffentlichen Raum wird immer selbstverständlicher. Es liegt in Ihrer Hand, das mobile Arbeiten im Team nun zu regeln.

Bitte denken Sie bei der Genehmigung der Anträge daran, dass das Dienstgeschehen und die Präsenz für Kundinnen und Kunden weiterhin gewährleistet sind. Diese Herausforderung wächst, je mehr Mitarbeitende Anträge stellen, bis zu dem Punkt, an dem Sie nicht alle Anträge genehmigen können, sondern vor der Entscheidung stehen, welchem oder welchen ihrer Teammitglieder mobiles Arbeiten zu welchem Zeitpunkt zugestanden wird. Wichtig dabei ist grundsätzlich, dass Sie sich nicht einseitig zugunsten eines oder mehrerer Antragsstellenden entscheiden. Vielmehr sollten Sie bei der Entscheidung die Bedürfnisse und Balance des Dienstgeschehens bzw. des Gesamtteams im Auge behalten.

Da die Situation von Fall zu Fall, von Team zu Team einzigartig ist, sind detaillierte Vorgaben, wie die Entscheidungen aussehen können, nicht möglich. Deshalb ist es Ihre Aufgabe als Führungskraft, individuell und abhängig von den Bedingungen vor Ort kreativ-pragmatische Lösungen und Kompromisse zu finden. Dies sollten Sie nicht allein tun, sondern gemeinsam mit Ihrem Team. Es ist Aufgabe Ihres Teams, mögliche Alternativen zu entwickeln und die Verteilung soweit wie möglich selbststeuernd zu regeln. Sie sind vor allem bei der Moderation dieses Entscheidungsprozesses gefragt und für den Fall, dass Konflikte bei der Entscheidungsfindung auftauchen.

Für die Entscheidungsfindung ist es hilfreich, die folgenden Überlegungen zu beachten:

Umfang der zu genehmigenden mobilen Arbeit:

Bitte untersuchen Sie die aktuelle Stellenbeschreibung und überlegen Sie gemeinsam mit dem individuellen Mitarbeitenden, welcher Stellenumfang überhaupt mobil ausgeführt werden kann. Solange die Arbeit mit den Bürgerinnen und Bürgern noch face-to-face erfolgt (z. B. im Bürgerbüro, Job Center oder Ausländeramt) und nicht durch virtuelle Videokonferenzen ersetzt ist, können je nach Stelle also nur Arbeiten mobil erledigt werden, die autonom und ohne Präsenz vor Ort möglich sind, z. B. Konzeptarbeit, Dokumentationen, Telefonate, Erstellung von Präsentationen etc.. Bei Telefonaten sollte eine Telefonweiterleitung gewährleistet sein.

Sicherstellung des Dienstgeschehens:

Werden Anträge auf mobiles Arbeiten gestellt, ist zu klären, ob durch die mobile Arbeit das Dienstgeschehen weiter aufrechterhalten wird. Vom Grundsatz her sind die gleichen Ergebnisse wie bislang zu erzielen, es sei denn der Dienst kommt im Zuge der Diskussion um die mobile Arbeit zu dem Schluss, dass bestimmte Aufgaben zukünftig nicht mehr/nicht in der gleichen Qualität zu erbringen sind. Wichtig ist es auch, die Stellvertretung

und Urlaubsvertretung sicher zu stellen sowie die ausreichende Mitarbeiterpräsenz vor Ort, z. B. bei Kundenverkehr.

Umverteilung/Umorganisation bei Mehrbelastung des Teams:

Kolleginnen und Kollegen, die nicht am mobilen Arbeiten teilnehmen,
dürfen hierdurch nicht in erhöhtem Maße belastet werden, z. B. weil Abstimmungsprozesse schwieriger oder sie mit kurzfristigen Zusatzaufgaben
belastet werden.

Es gilt also zunächst zu klären, ob durch die (zusätzliche) mobile Arbeit
des oder der neuen Antragstellenden die übrigen Teammitglieder mehr belastet werden. Kommen Sie gemeinsam mit Ihrem Team zu dem Schluss,
dass keine Mehrbelastung vorliegt, können Sie bei Ihren momentanen Entscheidungen und Verteilungen bleiben („Never change a running team").
Kommen Sie mit Ihrem Team zu dem Schluss, dass eine solche Mehrbelastung mit Genehmigung des neuen Antrags tatsächlich vorliegt, klären Sie
bitte, ob diese Mehrbelastung durch Stellvertretungsregelungen, durch Um-
verteilung von Aufgaben (entsprechend der jeweiligen Stellenbewertungen)
oder Umorganisation (Telefonumleitung, Abläufe verändern etc.) vermieden
werden kann.

Findet sich im Rahmen dieser Überlegungen vorerst kein Ergebnis, ist zu
überlegen, ob es andere Lösungen gibt, um die Mehrbelastung zu vermeiden. Diese könnten z. B. darin liegen, dass dem beantragten Ausmaß an mobiler Arbeit nicht in vollem Maße stattgegeben wird (also z. B. nur zwei Tage
statt drei Tage in Telearbeit genehmigt werden) oder nur einem der Antragstellenden mobiles Arbeiten ermöglicht wird (nur Herr Müller erhält die Genehmigung, Herr Meier bleibt momentan außen vor).

Gibt es keine Möglichkeiten, die Mehrbelastung zu kompensieren, ist
mobiles Arbeiten nicht möglich und kann auch nicht genehmigt werden.

Entscheidung zwischen verschiedenen Antragstellenden:

Stellen mehrere Teammitglieder einen Antrag auf mobile Arbeit, die
nicht zeitgleich oder im beantragten Maße möglich sind, gilt es eine Entscheidung zu treffen.

Schwerwiegende Kriterien für die Genehmigung mobiler Arbeit sind sicherlich:

- Betreuung von Kindern
- Betreuung pflegebedürftiger Angehöriger
- Weite Anfahrt zur Arbeit

- Lange Anfahrt zur Arbeit (wegen schlechter Verbindung, stauintensiv)
- Außendiensttermine, für die das private Zuhause örtlich günstiger liegt
- Gesundheitliche Beeinträchtigungen
- Gesundheitliche Regeneration, z. B. nach längerer Erkrankung
- Ruhebedürftigkeit der Antragstellenden, bspw. bei konzeptioneller Arbeit oder Arbeit in einem Mehrpersonenbüro

Findet Ihr Team allein keinen Konsens, sollten Sie und Ihr Team entscheiden, ob der Mitarbeiter mit kleinem Kind, die Mitarbeiterin mit pflegebedürftigen Eltern oder die neue Mitarbeiterin mit einem längeren Anfahrtsweg über den größten Anspruch auf Telearbeit oder Home-Office Arbeiten verfügt. Bitte erörtern Sie deshalb die Situation im Team und fällen Sie die Entscheidung möglichst im Team. Im Zuge dieser Erörterung kann auch gemeinschaftlich nach Lösungen oder Möglichkeiten gesucht werden, dem oder den Antragstellen in ihrer persönlichen Situation zu helfen und damit mobile Arbeit zumindest in Teilen überflüssig zu machen (z. B. einen Kindergartenplatz für den Mitarbeiter mit dem kleinen Kind finden oder ambulante Pflege für die Mitarbeiterin mit pflegebedürftigen Eltern organisieren oder zeitlich begrenzte, zwischen den Teammitgliedern rotierende, mobile Arbeit vereinbaren, je nach Dringlichkeit). Kommen Sie gemeinsam mit Ihrem Team zu keiner Entscheidung, treffen Sie die Entscheidung bitte selbst.

Stellen Teile Ihrer Mitarbeitenden präventiv einen Antrag, um sich die Möglichkeit der Telearbeit/Home-Office/Arbeiten im öffentlichen Raum für die Zukunft offen zu halten („präventives bunkern"), so müssen Sie überlegen, ob Sie diese Tür überhaupt öffnen möchten oder ob Sie Telearbeit für diejenigen reservieren wollen, welche die oben genannten, schwerwiegenden Kriterien erfüllen. Ihre Entscheidung kann dabei auch davon abhängen, wie groß die Nachfrage in Ihrem Team nach mobilen Arbeiten generell ist. Ist die Nachfrage beispielsweise eher klein, so erscheint es sinnvoll, Anträge auch dann zu genehmigen, wenn der oder die Antragstellende keine der schwerwiegenden Kriterien erfüllt; denn in diesem Fall bleibt noch ausreichend Puffer für künftige Anträge. Ist die Nachfrage groß, dürften Mitarbeitende mit schwerwiegenden Kriterien Vorrang haben, so dass eine Art von „Pufferbildung" sinnvoll ist.

Wichtig ist dabei Ihre Erkenntnis, dass Sie absolute Gerechtigkeit für all Ihre Mitarbeitenden wohl kaum erreichen können. Es ist also legitim, dass Sie das Windhund-Prinzip tatsächlich bis auf einen kleinen Puffer befürworten

(„Wer zuerst kommt, malt zuerst. Entscheidungen für modernes Arbeiten zu treffen ist wichtiger als absolute, starre Gerechtigkeit".)

Bitte kalkulieren Sie deshalb ein, dass Sie auf Frust bei denjenigen stoßen (und den Sie dämpfen sollten), denen (im ersten Schritt) keine oder weniger als die beantragte mobile Arbeit gewährt wird oder bei den Mitgliedern, die sich generell schwer mit den neuen Arbeitsbedingungen der Anderen tun (Neiddebatte: „Was ich nicht brauche, soll der Andere auch nicht haben. Und deshalb tue ich alles, damit die Anderen keine mobile Arbeit erhalten oder sie wieder aberkannt bekommen").

Zurücknahme/Kündigung von Anträgen:

Einmal genehmigte Anträge können Sie in Abstimmung mit Ihrer Amtsleitung und unter Einbindung der Personalabteilung auch zurücknehmen (Beamte) bzw. kündigen (Beschäftigte), sofern dies in entsprechender Weise in einer Dienstvereinbarung o. Ä.geregelt ist.

Dieser Fall tritt beispielsweise dann ein, wenn sich die persönliche Eignung einzelner Mitarbeiter verändert (Mangelnde Selbstorganisation, Bekanntwerden einer Suchtproblematik etc.). Gleichzeitig können Sie Ihre Genehmigung zurücknehmen bzw. kündigen, wenn die Anträge nach und nach gestellt werden, weil die privaten Rahmenbedingungen bei den verschiedenen Teammitgliedern variieren (ein Mitarbeitender bekommt Nachwuchs). Bitte überlegen Sie hier – möglichst mit Ihrem Team – ob Sie zugunsten des neuen Antragstellenden entscheiden und gleichzeitig einem anderem Teammitglied die mobile Arbeit (ganz oder in Teilen) entziehen (es opfert z. B. derjenige Mitarbeitende seine mobile Arbeit, dessen Erziehungsarbeit sich dem Ende neigt oder dessen Pflegesituation beendet ist). Bitte machen Sie sich in diesem Fall auch hier auf Frust und Widerstand bei ihren Teammitgliedern gefasst. Überlegen Sie, wie Sie mit den Emotionen der Beteiligten umgehen können.

4) **Führungskräfte führen auf Distanz**

Schon heute führen Vorgesetzte in Verwaltungen über örtliche Grenzen hinweg. Dabei arbeiten sie u. U. selbst von zuhause aus. Zukünftig kommt noch die örtliche Streuung der Büromitarbeiter über wechselnde Arbeitsplätze hinzu, möglicherweise über wechselnde Gebäude (Desk Sharing, mobile Arbeitsbereiche). Noch weiter in die Zukunft gedacht, wird die Diversität der Arbeitsformate aller Voraussicht nach noch weiter zunehmen. Dann ist auch eine Verwaltungswelt

denkbar, in der Büros nur noch zum Netzwerken dienen, während sich das Arbeiten auf den öffentlichen Raum ausbreitet („Gearbeitet wird überall, im Bus und Bahn, am Strand, im Café, nur nicht am eigenen Schreibtisch").
Der Abschied von der räumlich verorteten Arbeit heißt auch, sich von der bisher üblichen Präsenzkultur zu verabschieden („Arbeiten heißt vor Ort zu sein"). Stattdessen wird eine Ergebniskultur erforderlich („Arbeiten heißt, Resultate zu erzielen"). Sie passt zum Grundgedanken der transformationalen Führung. Vorgesetzte werden es lernen müssen, für Transparenz zu sorgen. Dies tun sie, indem sie Regeln aufstellen („Ich erwarte diese Ergebnisse von meinen Telearbeitenden", „Mobben von Telearbeitenden durch andere Teammitglieder akzeptiere ich nicht") und ihren Mitarbeiterinnen und Mitarbeitern klare Aufgaben bzw. Schwerpunkte zu übertragen. Sie führen über Ziele („Mini-Zielvereinbarungen") und Projekte. Ihr gesundes Vertrauen in die Kompetenz und Loyalität ihren Mitarbeitenden ist dabei essenziell. Denn nur Führungskräfte, die sich auf ihre Fachkräfte bauen, lassen ihnen echte Freiheitsgrade und ermöglichen flexible Arbeitszeiten, ohne die Ergebnisse aus den Augen zu verlieren („Es ist okay, wenn meine Mitarbeitenden private Termine, Auszeiten während der Arbeitszeit zuhause nimmt, solange diese transparent sind und die Arbeit geleistet wird"). Auch hier heißt das Credo „Mehr motivieren statt kontrollieren" und die Mitarbeitenden in die Selbstverantwortung bringen (Keine Kontrollanrufe!).
Angesichts der räumlichen Distanz rückt zudem die Kunst in den Mittelpunkt, persönliche Bindung auch über unpersönliche technische Kanäle aufzubauen und zu erhalten (sei es, weil die Mitarbeitenden z. T. von zuhause aus arbeiten oder die Führungskraft oder beide). Je größer die örtliche Streuung, desto mehr muss sich die Führungskraft mit der Frage beschäftigen, wie sie die Bindung im Team und die Identifikation mit der Verwaltung (und zwar auch ihre eigene) aufrechterhalten kann. Andernfalls droht die Verbundenheit mit der Verwaltung auszuhöhlen wie auch der Zusammenhalt der Teammitglieder untereinander. Je größer das Gefühl der Isolation, desto größer ist auch die psychische Belastung. Je einsamer sich die Mitarbeitenden fühlen, desto niedriger die Arbeitszufriedenheit.
Der „Klebstoff", der die auseinanderdriftenden Mitarbeiterkräfte zentriert, liegt zum einen darin, sehr intensiv (auch informell) zu kommunizieren und gemeinsame, identifikationsstiftende Erlebnisse zu schaffen. Teamentwicklungen, Ausflüge oder gemeinsames Essen, regelmäßige Dienstbesprechungen sowie „Klön und Schnack" in Kantinen und Kaffeeecken vor Ort sind essenziell („die besten Ideen entstehen in der Cafeteria"). Sie sollten intensiv beworben werden und kompensieren den fehlenden Spontanaustausch, wenn mobil

gearbeitet wird (keine Kommunikation zwischen Tür und Angel, kein Feier-
abendbier, kein gemeinsames Mittagessen). Jährlich stattfindende Mitarbeitergespräche können um kurze, mehrmals im Jahr erfolgende „Mini-Mitarbeitergespräche" ergänzt oder sogar ersetzt werden. In diesen werden nur kurze
Basisfragen aufgeworfen („Was gefällt mir gut an der Zusammenarbeit mit dir?
Womit habe ich Schwierigkeiten? Was wünsche ich mir von dir?"). Die Mitar-
beit in unterschiedlichen, möglicherweise agilen Projekten oder Austauschforen wie „Lean Coffees" dürften ebenfalls identitätsstiftend sein (zu „Lean Coffees" siehe Abschn. 4.1.2.).

Zum anderen erfordert die Anbindung der Teammitglieder eine straffe Organisation (durch das Anlegen gemeinsam genutzter Laufwerke und Urlaubsplaner,
durch vermehrte Koordination und Absprache in Dienstbesprechungen, an deren
Anschluss sich die Mitarbeitenden wieder an ihre unterschiedlichen Arbeitsplätze
verteilen) sowie die Einführung der E-Akte in den Arbeitsbereichen des Hauses,
in dem aktuell mit Papierakten gearbeitet wird. Videokonferenzen, einmal eingeführt, werden die Führung auf Distanz hierbei deutlich erleichtern (Interview
3). Auch der Datenschutz mit all seinen Regeln muss allen bekannt sein.

Von diesen kommunikativen, gemeinschaftsstiftenden und organisatori-
schen Aufgaben abgesehen erhöhen sich die Fürsorge- und Selbstfürsorge-
pflicht von Führungskräften. Mit Führung auf Distanz wird es für alle Beteiligten schwieriger, sich selbst zu managen und gesund zu bleiben. Führungskräfte
müssen sich deshalb noch mehr um die eigene psychische und physische Gesundheit kümmern. Und um die ihrer Mitarbeiterinnen und Mitarbeiter. Die
Gesamtbeurteilung von mobiler Arbeit fällt zwar positiv aus. Beruf und Familie
lassen sich besser vereinbaren. Dennoch zeigen Studien, dass auch deutliche
Risiken gesehen werden. Rund 50 Prozent der mobil am Computer Arbeitenden
in Deutschland und der EU empfinden es als schwierig, angesichts familiärer
Verpflichtungen konzentriert ihrer Arbeit nachzugehen (Stress im Home-Office
(2018). Darüber hinaus wächst die Angst, mehr arbeiten zu müssen, weil die
Arbeitsleistung vom beruflichen Umfeld nicht in gleicher Weise wahrgenommen wird wie vor Ort. Die Versuchung (oder der Druck), omnipräsent sein zu
müssen, auch außerhalb regulärer Arbeitszeiten, nimmt zu. Man schaut nur
„mal eben" auf sein Smartphone und entgrenzt so Arbeit und Privatleben (Piele
und Piele 2017, S. 7). Ausufernde Arbeitszeiten oder ein Arbeiten ohne Ende
können die Folge sein, vor allem, wenn die Arbeitszeiten flexibel sind und für
familiäre Verpflichtungen Auszeiten genommen werden („Ich hole zwischen-
durch mein Kind von Kindergarten ab und gehe dann noch mit ihm zum Zahn-
arzt. Anschließend arbeite ich wieder"). Der Feierabend ist in solchen Fällen
nicht klar definiert, was auch zum Arbeiten nach 22 Uhr oder am Wochenende

führen kann. Die gesetzlich vorgeschriebenen Ruhezeiten werden u. U. nicht eingehalten. Schlafstörungen können die Folge sein, selbst wenn die Menschen in ihrer Arbeit aufgehen und die Vermischung von Beruf und Privatleben grundsätzlich als unproblematisch empfinden.

Die ständige Erreichbarkeit in Zeiten, in denen auch Kinder und Familie betreut werden, kann zudem zu familiären Belastungen oder Konflikten führen („Das Kind stört mich, während ich telefoniere" oder „Papa schaut mich schon wieder so genervt an"). Der „sichere" (und damit energie- und haltspendende) Ort „zuhause" wird je nach Situation und Persönlichkeit also u. U. ausgezehrt. Führungskräfte sollten deshalb darauf achten, dass ihre Mitarbeitenden gut organisiert sind und sich selbst Grenzen, Pausen und Auszeiten setzen („Bitte möglichst nicht im Urlaub arbeiten, nicht 24 Stunden erreichbar sein."). Die Mitarbeitenden dürfen Mails ruhig über längere Zeit und ohne schlechtes Gewissen liegen lassen, um sich von der Flut an Informationen nicht erschlagen zu fühlen. Klare Spielregeln und Absprachen schützen hier zumindest ein Stück weit vor Überlastung. Erkrankungen kann so langfristig vorgebeugt werden.

Was die physische Gesundheit angeht sollten Führungskräfte ihre Mitarbeitenden für Fragen der Sitzhaltung, Augensicht, Beleuchtung und der Arbeitssicherheit sensibilisieren. Dies gilt insbesondere für die jungen, jederzeit erreichbaren, ständig online befindlichen Digital Natives, die sich um die gesundheitsgefährdenden Aspekte des mobilen Arbeitens voraussichtlich weniger Gedanken machen als ältere Mitarbeitenden, die erste Erkrankungen im Muskel-Skelett-System durch vieles (falsches) Sitzen und Arbeiten am Bildschirm schon erlebt haben („Ich habe Rücken"). Gleiches gilt für stundenlanges Starren in kleine (Smartphone)displays statt der Arbeit an großen Bildschirmen. Hier sind vor allem die Arbeitssicherheit, der Arbeitsschutz und das Betriebliche Gesundheitsmanagement gefragt. Sie können Führungskräften entsprechende Tipps und Hinweise geben, die an die Mitarbeitenden weiterkommuniziert werden können.

Führungskräfte, die über die Distanz führen, werden im Ganzen also stärker beschäftigt sein zu kommunizieren, zu organisieren und den Zusammenhalt in ihrem Team zu fördern. Und sie werden intensiver damit zu tun haben, Arbeitsbedingungen zu gestalten und die Arbeitsweise ihrer Mitarbeitenden zu hinterfragen (Gesundes Unternehmen 2018, S. 6 f.). Dies gilt insbesondere dann, wenn unter den Mitarbeitenden ohnehin Tendenzen bestehen, sich aus der Verwaltung zurückzuziehen. Dies kann beispielsweise wegen Arbeitsverdichtung der Fall sein, wegen Unwägbarkeit von Aufgaben, Stress mit den Vorgesetzten oder klimatischer Störungen. Die mobile Arbeit wird dann möglicherweise als Ausweg gesucht, diesen Zuständen (weiter) zu entgehen.

Literatur

Blanchard, K., Carlos, J. P., & Alan, R. (1998). *Management durch Empowerment. Das neue Führungskonzept; Mitarbeiter bringen mehr, wenn sie mehr dürfen.* Reinbek: Rowohlt Taschenbuch.

Brandes, U., et al. (2014). *Management Y- Agile, Scrum, Design Thinking & Co.: So gelingt der Wandel zur attraktiven und zukunftsfähigen Organisation.* Frankfurt a. M.: Campus.

Crummenerl, C., & Orsolya Seebode, R. (2016). Das Geheimnis erfolgreicher digitaler Transformation – Warum Führung, Befähigung und Kultur den Unterschied machen. In T. Petry (Hrsg.), *Digital Leadership: Erfolgreiches Führen in Zeiten der Digital Economy* (S. 151–186). Freiburg: Haufe.

Domke, B., & Wehmeier, J. (April 2019). Die Alternative war die Insolvenz. *Harvard Business Manager,* S. 29–32.

Finger, E. (27. Dezember 2018). Führen heißt: Andere aufrichten, Interview mit Pater Anselm Grün. *Die Zeit, 1,* S. 52.

Gesundes Unternehmen. (2018). 1, S. 6–7.

Groß, M., & Krellmann, A. (2017a). Das Ökosystem der Digitalisierung. *KGST-Denkanstöße zur Digitalen Kommune, 1.*

Groß, M., & Krellmann, A. (2017b). Rollen in der Digitalen Kommune. *KGST-Denkanstöße zur Digitalen Kommune, 2.*

Hablützel, P. (2008). Verwaltungsmodernisierung und Personalentwicklung. In N. Thom & R. J. Zaugg (Hrsg.), *Moderne Personalentwicklung: Mitarbeiterpotenziale erkennen, entwickeln und fördern* (S. 345–354). Wiesbaden: Gabler.

Holzrichter, E. R. (2017). Schlüsselkompetenzen für kommunale Führungskräfte. *KGST-Bericht, 12.*

Ich als Gestalter. (2019). *Gesundes Unternehmen, 2,* S. 19.

Innovative Verwaltung. (2017). 5, S. 44.

KGSt-Infotag. (2019). *Organisationskultur.* Dortmund: KGSt-Infotag.

Lewkowicz, E. -M., & West-Leuer, B. (2016). Nüsse knacken, einen Apfel schälen, Mineralwasser eingießen – Management-Coaching im Zeichen des Wandels. *Agora – Düsseldorfer Beiträge zu Psychoanalyse und Gesellschaft,* 35–39.

Oechsler, W. A., & Paul, C. (2019). *Personal und Arbeit. Einführung in das Personalmanagement* (11. Aufl.). Berlin: de Gruyter.

Piele, C., & Piele, A. (2017). Mobile Arbeit: Eine Analyse des verarbeitenden Gewerbes auf Basis der IG Metall-Beschäftigtenbefragung 2017, Fraunhofer Institut für Arbeitswirtschaft und Organisation IAO. https://www.businessmanagement.iao.fraunhofer.de/content/dam/businessmanagement/Mobile%20Arbeit.pdf. Zugegriffen am 15.07.2019.

Schirmer, H. (2016). Entwicklung von Digitalkompetenzen und Führungskultur im Zeitalter der Digitalen (R)evolution – Darstellung am Beispiel Continental. In T. Petry (Hrsg.), *Digital Leadership: Erfolgreiches Führen in Zeiten der Digital Economy* (S. 355–371). Freiburg: Haufe.

Schönbohm, R. (2016). Enterprise 2.0 als Baustein der Digitalen Transformation – Aufgaben, Barrieren und Erfolgsfaktoren in großen Unternehmen. In T. Petry (Hrsg.), *Digital Leadership: Erfolgreiches Führen in Zeiten der Digital Economy* (S. 293–323). Freiburg: Haufe.

Sprenger, R. K. (2007). *Das Prinzip Selbstverantwortung – Wege zur Motivation.* Frankfurt a. M.: Campus.

Stress im Home-Office. (28. September 2018). *Westdeutsche Allgemeine Zeitung,* S. 22.

Überlegungen zur Ausgestaltung von Personalentwicklungsprogrammen

4

Ein Blick in den Verwaltungsalltag zeigt, dass die „Chefs in der Amtsstube" über ihre Ausbildung hinaus qualifiziert werden. Führungskräfteentwicklung findet regelmäßig und flächendeckend statt. Diese Praxis ist zum einen das Ergebnis freiwilliger Leistungen von Verwaltungen. Sie erfolgt mit dem Ziel, Führungskräfte im Haus einfach „besser" zu machen. Gleichzeitig ist sie direkte Folge des geltenden Tarif- und Beamtenrechts (§ 5 TVöD für den Bereich Verwaltung und Landesbeamtengesetze bzw. Laufbahnverordnungen). Beinah „klassisch" sind beispielsweise Seminare zum Thema Kommunikation, zur Konfliktlösung oder zum Stressmanagement. Fortbildungsabteilungen und Studieninstitute bieten ganze Führungskräftereihen an (u. a. im Rahmen der Modularen Qualifizierung) oder vereinzelt Coaching. Hinzukommen Mitarbeitergespräche, Mitarbeiterbefragungen zum Führungsverhalten oder Potenzialanalysen. Auch sie werden genutzt, um Führungskräften Rückmeldungen zu geben und sie anschließend zu qualifizieren.

Vergegenwärtigt man sich die neuen Entwicklungen, wird jedoch klar, dass einerseits die Mitarbeiterinnen und Mitarbeitern für die neuen Herausforderungen „fitter" gemacht werden müssen. Andererseits benötigen gerade Führungskräfte noch mehr Unterstützung als bislang. Drei Kompetenzblöcke, die auf den in Kap. 3 geschilderten Anforderungen basieren, sind dabei von Interesse. Sie lassen sich in fünf Einzelkompetenzen differenzieren und bedürfen das besondere Augenmerk der Personalentwicklung bei der Gestaltung von Führungskräfteprogrammen (Crummenerl und Orsolya Seebode 2016, S. 174 f.):

© Springer Fachmedien Wiesbaden GmbH, ein Teil von Springer Nature 2020
C. Winners, *Fit für den digitalen Wandel in Kommunen*, Edition Innovative Verwaltung, https://doi.org/10.1007/978-3-658-28497-8_4

- Digitale Kompetenz
- Fähigkeit zu transformationaler Führung, inklusive des Wissens um agile Führungsmethoden
- Fähigkeit zu gesunder Führung
- Fähigkeit zur „Führung auf Distanz"
- Klassische, teils agile Projektmanagementkenntnisse (auch für Fachkräfte)

Diese fünf Kompetenzen sind stark von der inneren Haltung und emotionalen Intelligenz der Führungskräfte geprägt; hier geht es vor allem um eine offene, authentische, wertschätzende, fragende und verantwortungsvolle Einstellung dem Anderen gegenüber, wie es besonders bei der Fähigkeit zur transformationalen Führung, zur Führung auf Distanz sowie bei der Gesundheitskompetenz zum Ausdruck kommt. Aber auch digitale Kompetenzen und agile (Projektmanagement-)Kenntnisse erfordern Offenheit und Neugier für technische Neuerungen und agiles Denken. Insofern könnte Kernpunkt eines jeden – digitalen wie auch grundsätzlich modernen – Führungskräfteprogramms die Arbeit an der inneren Haltung der Führungskräfte und die Begleitung ihrer persönlichen Reifung bilden (Binner 2019, S. 40).

Gleichwohl muss hier unterstrichen werden, dass sich die Personalentwicklung nicht allein auf die Durchführung einzelner Schulungen und die isolierte Aneignung von Fähigkeiten reduzieren darf; die Wirkung solcher Programme wäre zu begrenzt und stände in keinem Verhältnis zu den Kosten, die bei der Durchführung der Schulungsprogramme entstehen. Vielmehr dürfte allen Beteiligten klar sein, dass es sich bei der Digitalisierung um einen strategisch induzierten Transformationsprozess handelt, der große Veränderungen im Haus mit sich bringt; unter Führungskräften und Mitarbeitenden sind Fragen, Ängste vor bzw. Vorbehalte gegen diese Veränderungen zu erwarten, was als menschlich und damit als völlig normale Reaktion einzustufen ist. Die Auseinandersetzung mit diesen Emotionen rückt ins Zentrum der Aufmerksamkeit eines jeden (Personal)Managements; erst dann können Schulungsprogramme zur Digitalisierung überhaupt kommuniziert, geschweige denn gestartet werden. Fortbildungen und sonstige Formen der Entwicklung setzen voraus, dass unter den Führungskräften wie auch unter den Mitarbeiterinnen und Mitarbeitern der Wille vorherrscht, sich im Zuge der Digitalisierung weiterzuentwickeln und an sich arbeiten zu wollen, und zwar ohne dies als Zeichen für Minderwertigkeit oder Schwäche zu verstehen. Um einen solchen Willen zu erzeugen, müssen die Menschen sich also erst einmal auf die Digitalisierung einlassen. Sie benötigen – je nach Typ unterschiedliche – Zeit und Unterstützung, um die Veränderung zu verstehen und schließlich anzunehmen. Ist dieser Prozess durchlaufen, können sie sich im nächsten Schritt ans Lernen begeben, wobei Lernen die gesamte

Bandbreite von kleineren Anpassungen in Arbeitsroutinen hin bis zur Veränderung grundlegender Verhaltensmuster umfasst (Bartscher und Nissen 2017, S. 323).

Vor dem Hintergrund dieses Wissens sind Verwaltungen ebenso wie die Unternehmen der Privatwirtschaft gut beraten, die Digitalisierung mit einem klassischen Change Management zu verbinden (Interview 2). Ein solches Veränderungsmanagement, so schillernd, divers und teils umstritten seine Inhalte auch sein mögen (Oechsler und Paul 2019, S. 508 sowie Laloux 2016, S. 128), beinhaltet vor allem eine gezielte Informations- und Aufweich- bzw. „Auftau"- und Begleitkampagne. Sie hilft Führungskräften, sich innerlich zu öffnen und aufnahmebereit für die Inhalte der Schulungen zu sein (Doppler und Lauterburg 2005, S. 97 f.). Gleichzeitig beugt dieses Werben – gerade auch bei älteren Mitarbeitenden und Führungskräften – Erkrankungen vor. Diese scheinen sich mit der Beschleunigung (der Arbeit) durch Technisierung und Unberechenbarkeit bzw. Komplexität des (Verwaltungs-) Lebens derzeit einzustellen. So zeigen Studien, dass die Zahl der psychischen Erkrankungen (und hier insbesondere die depressiven Episoden) zu den Erkrankungsarten mit der größten Wachstumsrate gehören. Mit einer durchschnittlichen Verweildauer von fünf Wochen bringen sie massive Beeinträchtigungen des Arbeitsgeschehens und der verwaltungsweiten Produktivität mit sich (zu den Zahlen siehe den BKK-Gesundheitsreport 2018, S. 46–48, 103–104, 127). Dies verwundert nicht, zwingt eine Depression den Erkrankten doch zur Verlangsamung seines Lebens; sie ist damit als direkte Reaktion auf die Beschleunigung der Gesellschaft zu deuten. Es ist deshalb anzunehmen, dass ihre Rate mit der Digitalisierung in Verwaltungen noch weiter in die Höhe geht, wird nicht in geeigneter Form gegengesteuert und entsprechende Aufklärung, Entlastung und Unterstützung betrieben.

4.1   Change Management als Grundlage der Personalentwicklung

Die Idee des Change Managements setzt auf dem Wissen auf, dass das Leben einem permanenten Wandel unterzogen ist und nichts so bleibt, wie es ist. Menschen sind gezwungen, sich anzupassen und stetig weiterzuentwickeln. Anders ausgedrückt, sie lernen. Die Frage, wie groß der Lernimpuls der Menschen ist, hängt dabei unter anderem von ihrer individuellen Veränderungsbereitschaft als auch von ihrer Einsicht ab, dass ein Wandel notwendig bzw. dringlich ist. Gerade bei einem so großformatigen und wichtigen Transformationsprozess wie der Digitalisierung bietet es sich deshalb an, gezielt Maßnahmen zu ergreifen, um Lern „energien" zu fördern und Anpassungsprozesse in Gang zu setzen bzw. zu beschleunigen. Ein bewusstes Programm, das an den Prozess der Veränderung anknüpft und aktiv an den Verhaltensmustern der von den Veränderungen betroffenen Menschen arbeitet, bietet hier einen Ansatz (Bartscher und Nissen 2017, S. 325 f. sowie Oechsler und Paul 2019, S. 497).

4.1.1 Die 7 Phasen der Veränderung

Kommen Verwaltungen zu dem Schluss, dass sie die Digitalisierung mit einem Change Management verbinden, ist es ratsam, zunächst eine Ahnung von den sieben Phasen zu entwickeln, die Menschen in Veränderungsprozessen idealtypischerweise durchlaufen, wenn auch in unterschiedlichen Geschwindigkeiten:

1. Vorahnung
2. Schock
3. Abwehr
4. Rationale Akzeptanz
5. Emotionale Akzeptanz
6. Öffnung
7. Integration

In der **Phase 1**, der Phase der **Vorahnung**, schildern befragte Mitarbeiterinnen und Mitarbeiter, dass sie mehr oder minder greifbare Vorzeichen für eine anstehende Veränderung wahrnehmen. Sie beobachten beispielsweise, dass sich Kernpersonen im Haus mit dem Thema Digitalisierung auseinandersetzen oder erfahren gerüchteweise von geplanten Projektstrukturen oder Informationsveranstaltungen. Diese Vorzeichen lösen bei den Menschen in der Regel Sorgen aus, dass etwas passieren könnte. Sie grübeln bereits über mutmaßliche Veränderungen und überlegen, welche Konsequenzen sie möglicherweise für sie persönlich mitbringen. Typisch für die Phase der Vorahnung ist deshalb ein zunehmender Austausch über das vermeintlich Kommende unter den Mitarbeitenden; die Gerüchteküche nimmt zu. Gleichzeitig mehren sich Anfragen bei zentralen Stellen, wie z. B. beim CDO, bei Führungskräften oder dem Personalrat, mit dem Ziel, offiziell-belastbare Informationen zu erhalten. Durch die zeitraubende Auseinandersetzung mit diesen noch „ungelegten Eiern" sinkt die Produktivität der Verwaltung erst einmal ab (Bartscher und Nissen 2017, S. 328).

In der **zweiten Phase** werden die mit der Digitalisierung verbundenen Pläne und Veränderungen in der Verwaltung (hoffentlich systematisch) öffentlich gemacht. Dies geschieht in der Regel durch den CDO oder Mitglieder des Verwaltungsvorstandes. Selbst wenn die Überbringer der Botschaft dabei die Ziele und wesentlichen Meilensteine der Digitalisierung kurz, präzise und unverschnörkelt transportieren (was sich aufgrund der Empfängerorientierung von Kommunikation auch anbietet, siehe Schulz von Thun 1996, S. 140–150), wird die Botschaft unterschiedlich aufgenommen. Je nach persönlichen Annahmen bzw. Bewertungen des Empfängers und seinem persönlichen Interpretationsmuster, werden sie unterschiedlich „decodiert". Dies gilt übrigens auch für die (vermeintlich oder tatsächlich) ungesagten Inhalte der Botschaft als auch für die zwischen den Zeilen vermuteten Informationen (Schulz von Thun 1996, S. 44–68). Je größer die individuelle Betroffenheit des einzelnen Menschen, desto größer fällt der empfundene **Schock** über die Neuigkeiten aus. Der Schreck lässt die Informierten ihre eigene Leistungsfähigkeit deutlich abwerten; sie fühlen sich überfordert. Befragte beschreiben sich teilweise als „wie gelähmt". Mit sich und den möglichen Veränderungen derartig beschäftigt arbeiten Führungskräfte und Mitarbeitende tendenziell unkonzentrierter. Im Extremfall entziehen sie sich sogar der Arbeit, entweder über Präsentismus (d. h. sie arbeiten formal, jedoch mit eingeschränkter Leistung) oder über eine tatsächliche Krankschreibung. Damit fällt die Produktivität der Verwaltung ein weiteres Mal ab (Bartscher und Nissen 2017, S. 328).

Die anfängliche Lähmung der Betroffenen schlägt in der **dritten Phase** in **Abwehr** um. Diese zeigt sich darin, dass Mitarbeiterinnen und Mitarbeiter beispielsweise versuchen, die Umsetzung der Digitalisierung aktiv zu verhindern, indem sie die zentralen Akteure dazu auffordern, ihre Entscheidungen zu überdenken oder zu verändern. Um zu beweisen, dass ihr aktuelles, „undigitalisiertes" Handlungsrepertoire den Herausforderungen genügt, arbeiten sie im Zweifelsfall auch eine Zeit lang mustergültig, was die Produktivität der Verwaltung wieder ansteigen lassen kann. Im Unterschied zur zweiten Phase unterschätzen Menschen in dieser Zeit nicht ihre Kompetenz. Sie überschätzen sie. Dies zeigt sich auch darin, dass sie in Gesprächen mit Kolleginnen und Kollegen oder öffentlichen Austauschrunden kontinuierlich auf etablierte, lieb gewordene Gewohnheiten beharren („das haben wir schon immer so gemacht", Interview 4 und Interview 6). Studien zeigen hier zudem, dass das Abwehrverhalten umso größer ausfällt, je unbeeindruckter sich die zentralen Akteure von diesen Boykottversuchen zeigen und weiterhin an der ursprünglich geplanten Strategie festhalten. Der Widerstand lässt erst dann nach, wenn die Betroffenen im wachsenden Maße und mit steigender Anzahl beginnen, sich mit den Argumenten für die Digitalisierung intellektuell auseinanderzusetzen (Bartscher und Nissen 2017, S. 328 f.).

Die intellektuelle, **vierte Phase** wird als **rationale Akzeptanz** bezeichnet. Führungskräfte und Mitarbeitende beschäftigen sich auf der kognitiven Ebene erstmalig und ausgiebig mit den Sachargumenten. Deshalb sind in dieser Phase auch so

Argumente typisch, dass man die Notwendigkeit der Digitalisierung ja schon früher hätte erkennen und den Transformationsprozess damit schon früher hätte anpacken können. Charakteristisch dürften in dieser Zeit auch überschießende Handlungen der Betroffenen sein, die nach schnellen Alternativen und Handlungsmöglichkeiten suchen, dabei jedoch mit Lösungen aufwarten, die erfahrungsgemäß viel zu kurz greifen. Die Digitalisierung wird hier von den Betroffenen erstmals in ihrer Vielschichtigkeit und Komplexität erfasst. Dies erhöht tendenziell die persönliche Unsicherheit des Einzelnen. Menschen können das Gefühl entwickeln, den Leistungsanforderungen nicht mehr genügen zu können; sie fühlen sich entwertet. Mental setzen sie sich zwar mit der Digitalisierung auseinander, spielen sie im Zweifelsfall auch schon durch. Sie sind jedoch – noch – nicht fähig, ihr Handeln in diesem Stadium zu verändern, auch weil mitunter – unbewusst – ein Funken Hoffnung bleibt, dass sich die Situation wie durch Zauberhand entschärft und alles beim Alten bleiben kann (Bartscher und Nissen 2017, S. 329).

Erst in der **fünften** Phase verliert das innere Klammern an Wunschvorstellungen an Gewicht. In der Phase der **emotionalen Akzeptanz** sinkt der rational erkannte Veränderungsbedarf in die Gefühle von Menschen ein. Sie verabschieden sich langsam von lieb gewordenen Gewohnheiten und vertrauten Wegen. Diese Phase des Loslassens ist mit Trauer, innerer Belastung und einem deutlichen Grad an Unsicherheit belegt, weshalb Aussagen wie „Wofür engagiere ich mich eigentlich" oder „Das macht doch sowieso alles keinen Sinn" hier bezeichnend sind. Die Produktivität der Verwaltung ist in dieser Phase von allen Phasen am geringsten. Die Verantwortlichen können hier den Loslösungsprozess „nur" unterstützen, indem sie den Betroffenen die Möglichkeit geben, das bisher Erreichte und gut Aufgebaute wertschätzend zu verabschieden (Bartscher und Nissen 2017, S. 329 f.). Dabei sollte aber auch klar sein, dass der Loslösungsprozess der verschiedenen Betroffenen unterschiedlich lang dauert und zwar unterstützt, aber nicht forciert werden kann, ganz nach dem Verständnis „Das Gras wächst auch nicht schneller, wenn man daran zieht".

Nachdem die Führungskräfte und Mitarbeitenden sich innerlich verabschiedet haben, können sie sich in **Phase sechs öffnen** und den Mut fassen, sich an die bevorstehenden Veränderungen anzupassen und neue Lösungswege zu entwickeln. Deshalb werden in dieser Phase typischerweise auch Qualifizierungsangebote beim Personalmanagement bzw. bei der Personalentwicklung aktiv nachgefragt oder nach Möglichkeiten gesucht, sich mit anderen Betroffenen konstruktiv austauschen zu können, wie beispielsweise in Führungskräfterunden oder kollegialen Beratungsgruppen. Zu beobachten ist ebenfalls, dass viele Menschen mit der Zeit die Veränderung als Chance begreifen und sie mit wachsender Neugier bzw. Begeisterung begrüßen („Die Veränderung bietet tolle Chancen für uns Mitarbeitende, für die Bürgerinnen und Bürger, für die Unternehmen der Stadt"). Neue Verfahrens- und Verhaltensweisen werden ausprobiert und weiter eingeübt, vor allem dann, wenn sie von den Vorgesetzten positiv bewertet werden. Das ermunternde Feedback und die Aufforderung, kreativ, neudenkend und unkonventionell zu sein, helfen den Mitarbeitenden auch, wieder ihrer eigenen Kompetenz zu vertrauen. Sie erweitern sukzessive ihre Fähigkeiten und ihr Handlungsrepertoire („Schau mal, was ich alles kann"), sodass die Produktivität der Verwaltung über den Stand vor Beginn des Transformationsprozesses steigt (Bartscher und Nissen 2017, S. 329 f.).

Damit erreicht der Veränderungsprozess seine vorerst letzte und **siebte Phase**, die **Integration**. Menschen finden sich hier in der geänderten Arbeitssituation wieder. Durch die Arbeit in einer (zunehmend) digitalisierten Kommune erweitern sie ihre Kompetenzen, entwickeln neue Abläufe und Problemlösungen und klären ihre Rolle. Häufig fühlen sie sich in ihrem Selbstvertrauen gestärkt und können im Nachhinein nicht mehr nachvollziehen, warum sie sich zu Beginn des Anpassungsprozesses so dagegen gesperrt haben („Hätte ich das bloß früher gewusst", Bartscher und Nissen 2017, S. 330).

4.1.2 Empfehlungen für das Change Management

Führt man sich die sieben Phasen vor Augen, so wird eines deutlich: Es ist völlig normal, dass so grundlegende Veränderungen wie die Digitalisierung, gleich ob in vielen kleinen, über einen längeren Zeitraum dauernden Anpassungsschritten (inkremental) oder in Form großer, einschneidender Maßnahmen (fundamental), die Beharrungskräfte des (Verwaltungs-)Systems heraufbeschwören. Entweder zeigt sich ein konkreter Widerstand durch aktives Handeln der Betroffenen gegen die Veränderungen. Oder die Betroffenen reagieren träge, in dem sie die Veränderungen nicht aktiv ablehnen, aber auch keinerlei Schritte unternehmen, die Veränderung mitzutragen (Oechsler und Paul 2019, S. 505–507). Diese letzten Beharrungskräfte dürften in Verwaltungen sogar überwiegen, da die Betroffenen unter den derzeitigen Rahmenbedingungen weder den Verlust ihres Arbeitsplatzes noch den (dramatischen) Verlust von Macht oder Privilegien fürchten müssen; betriebsbedingte Kündigungen sind im Kommunen aktuell nicht in Sicht. Wie alle anderen Menschen auch werden die Verwaltungsmitarbeiterinnen und -mitarbeiter also zum Teil versuchen, das Lernen zu verzögern oder gar abzuwenden. Dabei ist allerdings zu differenzieren. Change Manager, die regelmäßig Veränderungsprozesse begleiten, berichten, dass die Reaktion der Betroffenen unterschiedlich ausfällt. So steht etwa ein Drittel der Mitarbeitenden dem Wandel grundsätzlich offen und positiv gegenüber. Ein weiteres Drittel der Mitarbeitenden verhält sich neutral-abwartend und „nur" das letzte Drittel lehnt die Neuerung offen oder verdeckt ab (Oechsler und Paul 2019, S. 519). Diese Einschätzung dürfte auch auf nicht-privatwirtschaftliche, kommunale Mitarbeitende zutreffen, selbst wenn man die Auffassung vertritt, dass Verwaltungen grundsätzlich lebendige Systeme sind, die kreativ auf neu entstehende, nicht-lineare Herausforderungen reagieren (Laloux 2016, S. 128).

Durch durchdachte, schrittweise eingesetzte Maßnahmen ist es nun möglich, die Offenheit der ersten Mitarbeitergruppe weiter zu schüren, den beschriebenen Grad an Widerstand bzw. Trägheit in der zweiten bzw. dritten Mitarbeitergruppe zu verringern und Akzeptanz gegenüber dem Transformationsprozess in der Breite der Mitarbeiterschaft zu fördern. Kommunen ist zu empfehlen, ein Konzept zu erarbeiten, das diese Maßnahmen genau beschreibt, um sie anschließend umzusetzen. Das Schlimmste, was Verwaltungsvorstände und zentrale Akteure der Digitalisierung tun können, ist die Führungskräfte und Mitarbeitenden einfach zu überrumpeln und den Eindruck unter ihnen zu vermitteln, sie von der Gestaltung ihrer künftig digitalisierten Kommune ausschließen zu wollen. Diese leider in der Privatwirtschaft wie auch in Verwaltungen vorzufindende Herangehensweise beschwört gerade den Widerstand unter denjenigen herauf, von denen der Verwaltungsvorstand, der CDO und die zentralen Akteure bei der Realisierung der Digitalisierung abhängig sind; die Digitalisierung beginnt bei den Betroffenen mit einem Malus, der im Zeitverlauf nur mühselig, wenn überhaupt, wieder ausgeglichen werden kann. So anstrengend und zeitraubend es auch sein mag, lohnt es sich deshalb, in die Betroffenen zu investieren und sie dort abzuholen, wo sie innerlich stehen, wohlwissend, dass alle in unterschiedlicher Entfernung zum Thema Digitalisierung stehen und vermutlich auch unterschiedliche Vorstellungen haben, wie man sich dem Thema nähern könnte (Doppler und Lauterburg 2005, S. 97 f.).

Um eine Vorstellung zu entwickeln, mit welchen Schritten sich die Mitarbeitenden abholen lassen, können Verwaltungen verschiedene Modelle heranziehen. So hilft es zu wissen, dass Menschen mit Veränderungen am besten zurechtkommen, wenn sie:

- geistig, körperlich und seelisch gut aufgestellt sind
- sich zu einer Veränderung entschlossen haben
- die Veränderung gut zu ihrer Lebensplanung passt
- das Ausmaß der Veränderung überschaubar für sie ist
- die Struktur, in der sie arbeiten, ihr Sicherheitsbedürfnis erfüllt und
- sie mitgestalten können.

Aus diesen Erkenntnissen können (interne wie externe) Change Manager ableiten, dass

- die Mitarbeiterinnen und Mitarbeiter die Notwendigkeit der Digitalisierung verstehen müssen
- die Vorteile und das Besondere der Digitalisierung gut für sie herausgearbeitet werden, vor allem der persönliche Nutzen für sie und ihre Arbeit
- sie fortlaufende Transparenz über die Digitalisierungsschritte erhalten (Schlote 2019).
- die Beteiligten die Veränderung am besten selbst Schritt für Schritt entwickeln und diese selbst testen, bevor sie sie umsetzen (Scheller 2017, S. 308).

Eine weitere, noch konkretere Vorstellung liefert das Acht-Stufen-Modell von John P. Kotter. Dieser entwickelte es durch die „Umkehrung" von acht Kardinalfehlern, die er bei Transformationsprozessen regelmäßig beobachtete. Folgt man seinen Empfehlungen, sollte die Digitalisierung in Kommunen durch die folgenden Maßnahmen begleitet werden (Kotter und Rathgeber 2009, S. 135 f. sowie Oechsler und Paul 2019, S. 513):

1. **Wecke ein Gefühl der Dringlichkeit**: Die Verwaltungen überlegen sich zunächst geeignete Maßnahmen, wie die Mitarbeiterinnen und Mitarbeiter einerseits die Notwendigkeit der Digitalisierung und andererseits die Wichtigkeit ihres sofortigen Handelns erkennen. Ziel dieses ersten Schrittes ist es also, ein Bewusstsein für die Dringlichkeit der Veränderung in der Breite der Mitarbeiterschaft aufzubauen und den Nutzen für alle deutlich zu machen Deshalb geht es zu diesem Zeitpunkt vor allem um den Einsatz verschiedener Informationsbausteine (siehe dazu Abschn. 4.1.4).
2. **Stelle ein mächtiges Leitungsteam zusammen**: Im zweiten Schritt stellen Verwaltungen ein Projektteam „Digitalisierung" auf, das sich durch Führungsqualität, Glaubwürdigkeit, analytische und kommunikative Stärke, Durchsetzungskraft und anhaltendes Engagement auszeichnet und kompetent durch die Digitalisierung führt. Die Mitglieder des Teams werden dabei anhand ihrer persönlichen Fähigkeiten als auch an ihrer Möglichkeit „zu machen" ausgewählt; zumindest Teile des Teams sollten also über „Macht" verfügen, d. h. Einfluss über die Verwaltung, wie es in der Regel bei Vorstandsmitgliedern, dem CDO, ggf. Personalratsvertretern oder informellen Führern der Fall ist. In jedem Fall sollten sie in der Verwaltung gut vernetzt sein. Der Aufbau und die Besetzung dieses Teams werden gut und nachhaltig im Haus kommuniziert.

3. **Entwickele eine Vision**: Verwaltungen überlegen nun in einem dritten Schritt, welche Ziele mit der Digitalisierung verfolgt werden sollen und überführen dieses Bündel an Zielen in eine allgemein verständliche Vision, inklusive der hiermit verbundenen Strategien (d. h. der Wege, die zur Zielerreichung führen, Remer 2002, S. 26, Interview 9). Dabei können sie zwischen verschiedenen Alternativen wählen. So können sie zum einen in einer Top-Down-Strategie die Vision von der Organisationsspitze aus formulieren und sukzessive über die nachgeordneten Ebenen herunterbrechen, mit dem Vorteil, dass die Digitalisierung nicht den Vorstellungen des Verwaltungsvorstandes zuwiderläuft; in diesem Fall würde das aufgestellte Projektteam „Digitalisierung" die wesentlichen Überlegungen anstellen und Entscheidungen in Absprache mit dem Verwaltungsvorstand treffen. Von Nachteil bei dieser Vorgehensweise ist, dass die Einbeziehung der verschiedenen Dienste und Ämter erst zu einem späteren Zeitpunkt erfolgt, was tendenziell zu Misstrauen, Widerstand und Verzögerungen führt. Die Erarbeitung von Zielen bzw. Strategien von unten nach oben hingegen (bottom-up), passt (noch) nicht zu den Gepflogenheiten von Verwaltungen und dürfte deshalb schon im Ansatz scheitern. Gleiches gilt für das Wechselstromverfahren (Top-down und gleichzeitig bottom-up), bei dem nicht nur viel Zeit durch Abstimmungsprozesse auf den vielen, in Verwaltungen typischerweise vorherrschenden Hierarchieebenen verloren geht (vor allem dann, wenn die formalen Informationsflüsse nicht konkret geregelt oder eingehalten werden), sondern auch noch Widerstände auf der mittleren Ebene erwarten lässt. Deshalb wird hier eine grundsätzliche Top-Down-Strategie empfohlen, versehen mit der ausdrücklichen Empfehlung, dass die zentralen Akteure aus den unterschiedlichen Diensten, Ämtern und Personalvertretungsgremien möglichst früh, möglicherweise in abwechselnder Besetzung, miteingebunden werden; gleiches gilt für (Vertretungen von) Bürgerinnen und Bürger, vor-Ort-Unternehmen und externe Beratungen. Dies bedeutet konkret, sie nicht nur an der nachgelagerten (Um)gestaltung der operativen Arbeitsabläufe teilnehmen zu lassen, sondern sie sehr früh in der Analyse und Konzeptentwicklung sowie in der eigentliche Führung und Steuerung des Transformationsprozesses miteinzubinden und eine aktive Rolle einnehmen zu lassen (Bartscher und Nissen 2017, S. 324).

4. **Werbe für diese Vision**: Die einmal erarbeitete Vision wird in Schritt vier an möglichst viele Mitarbeitende kommuniziert und vom Verwaltungsvorstand und dem Projektteam glaubhaft vorgelebt, um das Verständnis und die Akzeptanz in der Belegschaft zu wecken. Das Thema Kommunikation bzw. Dialog (siehe Abschn. 4.1.4) spielt deshalb auch hier wieder eine große Rolle. Dabei sollte beachtet werden, dass das Bekehren von Zweiflern wenig ergiebig ist. Es

ist ökonomischer, bei den Promotoren der Digitalisierung anzusetzen, die – einmal überzeugt – die Situation für die Zweifler schwerer machen und diese idealerweise mitreißen.

5. **Beseitige Hürden bei der Umsetzung**: Bei der Umsetzung der Digitalisierung ist es nur natürlich, dass Führungskräfte und Mitarbeitende auf Schwierigkeiten stoßen, die sie aus eigener Kraft nicht aus dem Weg räumen können. Deshalb erarbeiten Verwaltungen im Rahmen des Change Managements eine Art „Rückfallplan", der Auskunft gibt, wie organisationale Hürden (wie z. B. zeitliche, finanzielle, personelle Begrenzungen, Workflows, Genehmigungen auf dem Dienstweg) und persönliche Hürden (z. B. mangelnde Qualifikation der Mitarbeitenden) überwunden werden können. Dieser Rückfallplan kann beispielsweise den Einsatz von digitalen Lotsen beinhalten, die vor Ort mit den Betroffenen individuelle Lösungen erarbeiten und gleichzeitig mit zentralen Stellen im Haus (Kämmerei, Personalamt, Personalentwicklung, Ressortkoordinierungen etc.) kooperieren, um die Lösungsumsetzung zu begünstigen. Gerade in diesem Schritt liegt eine große Herausforderung für Verwaltungen, insbesondere für diejenigen, die unter dem Druck von Haushaltsstärkungspakten unter chronischer Knappheit aller Ressourcen leiden. Die Beseitigung der Hürden kann in diesen Fällen nur erfolgen, wenn Gelder und Ressourcen zugunsten der Digitalisierung „umgeschichtet" werden, was voraussetzt, dass anderswo auf bisherige Leistungen und Aufgaben verzichtet wird oder diese in geringerem Umfang bzw. geringerer Qualität erbracht werden. Hier sind also (unter Umständen langwierige oder schwierige) Entscheidungsprozesse miteinzukalkulieren. Gleichzeitig enthält der Rückfallplan den Appell an die Beteiligten, dass kreative, ressourcenschonende und gleichzeitig gesetzeskonforme Ideen explizit erwünscht und von oben sogar eingefordert werden, um Lösungen bei begrenzten Mitteln von Verwaltungen zu ermöglichen.

6. **Sorge für kurzfristige Erfolge**: Wie bei anderen großen Veränderungen ist es sinnvoll, mit Digitalisierungs(teil)projekten zu starten, mit denen sich kurzfristig und für alle sichtbare Erfolge erzielen lassen. Diese Erfolge sollten auch kommuniziert werden. Damit erhöhen Verwaltungen die Glaubwürdigkeit der Digitalisierung und ziehen (auch bislang noch skeptische) Mitarbeitende mit ins Boot (sodass ab einem bestimmten Punkt eine „kritische Masse" an Befürwortern überschritten werden und Digitalisierung sogar „in" sein kann).

Um diese Dynamik zu unterstützen, ist nicht nur der Erfolg „großer" Projekte sicherzustellen. Aus systemischer Sicht empfiehlt es sich, „kleine", über die Verwaltung verteilte, punktuelle Digitalisierungsprojekte anzustoßen, umzusetzen und (mit der entsprechenden Kommunikation im Haus) zu feiern. Bildlich gesprochen werden hier viele kleine Steine in einen See geworfen, die konzentrische Kreise ziehen und schlussendlich Bewegung in den See, d. h. in die Verwaltung bringen. Dieser Logik folgen auch die im Zusammenhang mit agilen (Organisations- und Kultur)Management genannten Tools, wie z. B. „Lean Coffee" oder „Crossfunktionale Teams". Sie sollen den interdisziplinären Austausch unter Mitarbeitenden fördern und die Verwaltung agiler bzw. veränderungsbereiter (und damit auch offener für Digitalisierung) machen (siehe dazu auch Abschn. 4.1.3 „Berücksichtigung der Verwaltungskultur", Scheller 2017, S. 549–553 sowie S. 488 f.; Michl 2016).

Lean Coffee ist eine Besprechungsart mit minimalen Vorgaben (deshalb „lean"). Er findet bei einer informellen Atmosphäre statt, z. B. bei einem Kaffee (deshalb „coffee"). Lean coffee hat keine festlegte Agenda, keine Teilnahmeverpflichtung und keine vorab definierte Zielsetzung. Er dauert ca. 1 Stunden und kann mit ca. 10 bis 20 Teilnehmenden durchgeführt werden.

Benötigt werden ein vorbereitetes Flipchart oder Whiteboard mit drei Spalten („Bereit", „In Arbeit", „Erledigt"), selbstklebende Moderationskarten oder Post-ist, Single dots-Bewertungspunkte und ein Timer oder eine Stoppuhr.

Zu Beginn schreibt jeder Teilnehmende die Themen auf Moderationskarten, die ihm auf dem Herzen liegen und mit den Kollegen andiskutiert werden sollen. Dies können konkrete Problemstellungen aus der täglichen Arbeit sein oder einfach nur Ideen. Pro Thema wird eine Karte verwendet. Jeder Teilnehmende stellt dann sein Thema kurz vor. Die Karten werden anschließend eingesammelt und an das vorbereitete Flipchart oder Whiteboard in die Spalte ‚Bereit' gehängt. Im nächsten Schritt werden die verschiedenen Themen durch die Teilnehmenden bepunktet und damit priorisiert. Die Moderationskarten werden in der Reihenfolge der Bepunktung sortiert. Das höchst bewertete Thema steht ganz oben, das am niedrigsten bewertete Thema steht unten.

Die Diskussion beginnt mit dem höchst bewerteten und damit wichtigsten Thema. Dazu wird die entsprechende Moderationskarte in die Spalte ‚In Arbeit' verschoben. Ein zuvor bestimmter Zeitnehmer achtet darauf, dass die vorgegebene Diskussionszeit pro Thema eingehalten wird, i. d. R. 10 Minuten. Nach Ablauf der vorgegebenen Zeit entscheidet die Gruppe per Mehrheitsentscheid („Daumen hoch, Daumen runter"), ob die Diskussion weitergeführt wird. Entscheidet die Gruppe, das nächste Thema zu bearbeiten, wird die bisher bearbeitete Karte in die Spalte ‚Erledigt' verschoben und das neue Thema in die Spalte ‚In Arbeit'. Dieses Prozedere wird solange wiederholt, bis alle Themen diskutiert worden sind oder das Zeitfenster des Lean Coffees abgelaufen ist (Michl 2016).

7. **Lasse nicht nach**: Die siebte Empfehlung zielt auf die Zähigkeit des Projektvorhabens ab. Rückfälle oder – das Gegenteil – kurzfristige Erfolge halten erfolgreiche Akteure nicht davon ab, energisch und eilig weiter nach vorne zu drängen. Wie bei allen anderen Transformationsprozessen ist es also wichtig, dass die Verwaltungen ihre Ziele und Projekte hartnäckig sowie Zug um Zug umsetzen. Dazu gehört es auch, kurzfristige Erfolge im Team zu feiern, was auch grundsätzlich für Rückfälle gilt, nach dem Motto „geteiltes Leid ist halbes Leid".

8. **Verankere die Digitalisierung in der Unternehmenskultur**: Die Neuerungen durch die Digitalisierung fließen nach der achten und damit letzten Empfehlung nun in die Verwaltungskultur ein (Oechsler und Paul 2019, S. 175). Diese Integration wird leichter, wenn die Neuerungen so viel wie möglich mit etablierten Prozessen verwoben werden. So kann beim Stellenbesetzungsprozess beispielsweise geprüft werden, inwiefern die Bewerbenden eine Affinität zur Digitalisierung, zu neuen Medien und zu Innovationen aufweisen; bei Ausbildungsbörsen (z. B. für Feuerwehrleute) können digitale Medien wie Virtual Reality Brillen zum Einsatz kommen. Ein anderer, wichtiger Weg besteht darin, das Thema Digitalisierung in das – falls vorhandene – Unternehmensleitbild, in die Führungsleitlinien (und deren Ausdruck in Form von Schildern, Flyern, Tassen, Skulpturen, push-Nachrichten etc.) oder in das Fortbildungs- und Gesundheitsprogramm aufzunehmen sowie in allen anderen Teilbereichen, die Querschnittsfunktion haben und deren Wirkung in weite Teile der Verwaltung hineinreicht (z. B. beim Thema Nachhaltigkeit, beim Gebäudemanagement, bei der Unternehmenskommunikation, bei der IT etc.).

Fazit: Verwaltungen, welche die Belegschaft ins Boot der Digitalisierung holen wollen, sind gut beraten, die Empfehlungen von Kotter zu beherzigen. Sie sollten ihren Digitalisierungsprozess mit diesen acht Schritten grundsätzlich, wenn auch nicht statisch verweben, und dabei berücksichtigen, dass Veränderungen nicht linear, in einer geplanten Reihenfolge laufen, sondern parallel und gleichzeitig (Scheller 2017, S. 549); oder anders ausgedrückt: Verwaltungen beginnen mit den ersten Veränderungen im Rahmen der Digitalisierung und hören dann genau hin, was die nächste Veränderung sein könnte, nach der die Verwaltung ruft (Laloux 2016, S. 139). Das Ergebnis des Digitalisierungsprozesses kann damit auch anders sein, als in der ursprünglichen Vision anvisiert. Darüber hinaus haben Verwaltungen die Möglichkeit, sich in allen Punkten von (in der Regel) externen Change Agents unterstützen zu lassen. Diese haben Erfahrung mit – digitalen – Transformationsprozessen und können als Prozessberater ggf. steuernd eingreifen (Staehle 1999, S. 943 f.).

4.1.3   Berücksichtigung der Verwaltungskultur

Mit dem Wissen um Kotters „Paket" im Kopf sollten sich Verwaltungen nun mit ihrer eigenen, besonderen Organisationskultur auseinandersetzen. Dabei gilt sowohl für die aktuelle Ist-Kultur als auch die angestrebte, „digitalisierungskompatible" Soll-Kultur. In Abhängigkeit von den Diskussionsergebnissen werden die vorgeschlagenen Maßnahmen ggf. variiert; ein Change Management kann nur erfolgreich sein, wenn es auf die hausinterne Kultur abgestimmt wird. Dabei ist es wichtig, nicht nur die bewusste, sichtbare und – scheinbar – rationale Seite der Verwaltung in den Blick zu nehmen. Es ist genauso wichtig, diejenige in den Fokus zu stellen, die sich unterhalb der Oberfläche befindet. Insofern wird sich die Diskussion um die gelebte Kultur drehen müssen, d. h. die Summe der Gedanken, Glaubenssätze, Werte und Gewohnheiten im Haus, begonnen beim Verwaltungsvorstand über die Führungskräfte bis zum Mitarbeitenden.

Was genau ist Verwaltungskultur? Sie ist kognitiv schwer zu greifen. Mancher Experte bezeichnet sie als „nebelig, mystisch, unangreifbar" und schwer in Worte zu packen, zumal Kultur nicht immer laut ist. Sie wird eher in leisen Tönen gespürt. Ihre Veränderung kommt einer „stillen Revolution" gleich (KGSt-Infotag 2019). Beschreibt man sie näher, lässt sich Kultur als die Art und Weise verstehen, wie Verwaltung die Dinge tut. Deshalb wird sie gerne mit der „Persönlichkeit" einer Verwaltung verglichen („Stell Dir die Verwaltung vor. Wie sieht sie aus? Was hat sie an? Wie verhält sie sich?"). Kultur vereint Überzeugungen, Orientierungen, Werte und Handlungsmuster, die von den Mitarbeitenden mehr oder weniger unbewusst geteilt und einfach „gelebt" werden. Sie entsteht nicht von heute auf morgen. Vielmehr ist sie das Ergebnis von langen Lernprozessen im Haus, bei denen sich peu à peu bevorzugte Wege der Analyse, der Hypothesenbildung und des Problemlösens herausschälen. Die Verwaltungskultur bildet somit ein Raster, an dem die Belegschaft ihr Verhalten orientiert; sie hilft, die Komplexität der Vorgänge zu reduzieren, erzeugt Routinehandeln, erleichtert die Kommunikation und erhöht die Wahrscheinlichkeit, dass das Verhalten der Belegschaft aufeinander abgestimmt ist. Gleichzeitig entfaltet sie eine Wirkung auf die Empfindungen der Menschen. Ob die Mitarbeiterinnen und Mitarbeiter motiviert oder identifiziert sind, was sie als angenehm oder unangenehm empfinden, was sie vehement ablehnen oder mit Geduld durchstehen, hängt nicht nur von ihren individuellen Persönlichkeitsstrukturen ab. Sie ist auch Ergebnis der erlebten Kultur (Bartscher und Nissen 2017, S. 333 f.). Allerdings wirkt Kultur nicht direkt auf die Belegschaft und ihr Verhalten. Es lässt sich keine Anleitung erstellen, die sagt „tue dies mit der Verwaltung, dann kommt genau jenes gewünschte Verhalten heraus!". Ihre Wirkung ist eher indirekt. Dennoch ist sie messbar. So zeigen verschiedene Studien über die letzten vierzig Jahre – teilweise in genauen Prozentangaben –, welchen erheblichen Einfluss die Organisationskultur auf das Mitarbeiterengagement, die Identifikation mit dem Unternehmen, die Arbeitsqualität, die Bindung an das Haus und Strukturen bzw. Prozesse ausübt. Eine Untersuchung von Paul J. Zak aus dem Jahr 2017 kommt beispielsweise zu dem Schluss, dass eine auf Vertrauen basierende Kultur 50 % mehr Produktivität und 13 % weniger Krankentage hervorbringt (KGSt-Infotag 2019).

Diese gelebte Kultur der Verwaltung, mit all ihren Auswirkungen auf das Empfinden und Handeln der Belegschaft, kommt auf verschiedenen Ebenen zum Ausdruck. Vordergründig wird sie in Symbolen und Zeichen sichtbar, z. B. im Verwaltungslogo, in den Kleidungsriten („leger" versus „formell"), in der Sprachform („bürokratisch" versus „locker") oder im konkreten Führungsverhalten. Unterschwelliger, aber gleichsam wirksam, sind geschriebene und ungeschriebene Verhaltens- und Umgangsregeln („Der Dienstweg ist einzuhalten!"), Unternehmensleitsätze, Compliance-Regeln oder das Führungsverständnis („Was verstehen wir unter einer guten Führungskraft?"). Auf einer sehr tiefen Ebene sind hingegen mentale Glaubenssätze zu finden, wie z. B. das vorherrschende Menschenbild („Menschen sind grundsätzlich faul" versus „Menschen sind neugierig und leistungsbereit") oder die Wertigkeit von Neuem („Dürfen neue Wege beschritten werden? Darf Bewährtes hinterfragt werden?", Bartscher und Nissen 2017, S. 335–336). Alle Ebenen der Verwaltungskultur sind grundsätzlich veränderlich. Die tiefen Ebenen sind allerdings schwerer zu erreichen. Ihr Wandel benötigt eine längere Zeit („Um die Organisationskultur zu entwickeln, muss man den Eisberg aus dem Wasser hieven", KGSt-Infotag 2019). Ansatzpunkte für die neue Kultur stellen u. a. die Räumlichkeiten und Gebäude dar, die Rituale und Gebräuche (Weihnachtsfeier auch für Teilzeitkräfte), die Auslesekriterien bei Neueinstellung, Belohnung und Beförderung sowie die Haltung der Führungskräfte (was beachten, beurteilen und kontrollieren sie, wie reagieren sie auf kritische Ereignisse, KGSt-Infotag 2019).

Versucht man, Unternehmen hinsichtlich ihrer Kultur in verschiedenen Typen einzuteilen, so lässt sich die Kultur einer Verwaltung sicherlich als „stabil" bezeichnen. Ganz im Unterschied zu Werbeagenturen oder IT-Dienstleister, die als „kreativ" oder „explorativ" gelten dürften, zeichnen sie sich tendenziell unter dem Credo „Lasse alles beim Alten" durch ihre Vergangenheitsorientierung, ihre Risikoabneigung, ihre Introversion und Statusorientierung aus (zur Kulturtypologie Ansoff 1979). Simon bezeichnet solche Kulturen auch als „beharrend" in Abgrenzung zu „Kulturen des Aufbruchs" (Simon 2000, S. 272 f.) wohingegen Verwaltungen in Anlehnung an Riemanns Persönlichkeitstypologien auch als „zwanghaft-depressiv" bezeichnet werden könnten (Riemann (2000)). Sie sind somit relativ zähe Gebilde, die sich gegenüber Veränderungsprozessen sperriger als andere Institutionen zeigen. Bekannte und denkbare Entscheidungssituation werden gerne strukturiert und in eine Regel gegossen, damit die Verwaltung anschließend fehlerfrei und juristisch unanfechtbar bestehen kann. Diese Fixierung auf eine „rigide Inputsteuerung" sitzt tief und bestimmt das Muster kollektiven Lernens. Modernisierungsbemühungen werden oft – unbewusst – abgewehrt und bleiben an der Systemoberfläche stecken; kein Wunder also, dass sie sich oft auf die Ausstattung mit neuen betriebswirtschaftlichen Instrumenten beschränken.

Die Transformation von Verwaltungen benötigt insofern sehr viel mehr Optimismus, Überzeugungskraft und einen noch längeren Atem als in Unternehmen mit Kulturen, die quasi von sich aus schon offen und veränderungsbereit sind. Ihre Digitalisierung kann nur gelingen, wenn die unsichtbare Seite der Kultur genügend beachtet bzw. ein Stück gehoben wird und sich die Verwaltung gleichzeitig stärker in Richtung Zielorientierung und konsequente Output-, Wirkungsorientierung sowie Entbürokratisierung entwickelt, in der neue Handlungsspielräume nicht mit Detailregelungen eingeschränkt werden (Hablützel 2008, S. 347 f.).

Gelingt es Verwaltungen, ihre Kultur derart zu modernisieren, sind besonders drei positive Effekte zu erwarten. Zum einen entspannt sich die prekäre Recruiting-Situation auf dem engen Fach- und Führungskräftemarkt. Bewerber spüren die Organisationskultur während des gesamten Bewerbungsprozesses. Sie surfen u. a. auf den Internetseiten der Verwaltung, nehmen Einladungen zum Ausleseverfahren entgegen, erleben die Verwaltungsräumlichkeiten und die Atmosphäre beim Vorstellungsgespräch. Dabei entwickeln sie ein Gefühl, wie „der Laden tickt". Treffen sie auf eine moderne Kultur, steigt die Wahrscheinlichkeit, dass sie sich für die Verwaltung entscheiden und die Verwaltung moderne (und damit für dir Digitalisierung „richtige") Mitarbeiterinnen und Mitarbeiter in größerer Anzahl rekrutieren kann. Junge, an nutzerorientierte Unternehmen wie Amazon und Google gewöhnte Menschen, lassen sich auf „staubige" Kulturen kaum mehr ein (KGSt-Infotag 2019). Zum zweiten hilft eine moderne Kultur, das kostbare Personal an die Verwaltung zu binden. Neue Mitarbeitende erleben keinen so großen „Kulturschock", der sie veranlasst, das Haus wieder zu lassen. Im Idealfall hinterlassen sie für ihre Verwaltung sogar eine gute Bewertung auf Arbeitgeberbewertungsportalen wie z. B. „Kununu" und ziehen so weitere potenzielle Bewerber heran. Zum dritten bringt eine moderne Kultur das Potenzial der Belegschaft zur Entfaltung. Die „Schwarmintelligenz" findet in ihr ein ideales Umfeld. Die neue Kultur wirkt wie ein gedanklicher Anker. Sie hilft Führungskräften und Mitarbeitenden, die Freiräume zu füllen, die in einer digitalisierten Verwaltung beim Arbeiten automatisch entstehen; sie lenkt das Handeln, wenn klare Regeln z. T. nicht mehr aufgestellt werden (können). Vermittelt die Kultur darüber hinaus die Sinnhaftigkeit des kommunalen Handelns („Know-Why"), wirkt sie aktivierend auf die Belegschaft („Yes, we can"). Nichts treibt Menschen innerlich so an wie das Wissen darum, warum sie etwas tun (oder warum sie etwas anders tun sollen. KGSt-Infotag 2019).

Vor dem Hintergrund der aktuellen und künftig zu entwickelnden Verwaltungskultur ist es also ratsam, das Change Management noch sorgfältiger, intensiver, ehrlicher und wertschätzender als in offenen Kulturen zu gestalten. Und genau diese Erkenntnis sollte in den führenden Köpfen der Verwaltung präsent sein, damit Digitalisierung gelingen kann. Ist dies nicht der Fall, und dies dürfte bei den meisten, auch großen Verwaltungen so sein, ist zumindest die Bereitschaft notwendig, sich von außen mit der notwendigen Expertise unterstützen zu lassen. Zudem muss Verständnis darüber herrschen, dass der wirkliche Wandel nicht allein von oben oder außen kommen kann. Wenn Modernisierung selbsttragend sein soll, ist sie vom Personal in allen Hierarchieebenen mitzutragen und tatsächlich zu leben. Die Digitalisierung erfordert also einen kulturellen Lernprozess. Deshalb ist es so wichtig, die Ziele, Strukturen und Normen der Digitalisierung so zu erarbeiten, verbreiten und einzuführen, dass sich gleichzeitig neue Denk- und Verhaltensweisen entwickeln können; das Design und die Qualität der Prozesse entscheidet, ob sich die Tiefenstruktur von Verwaltungen im Rahmen der Digitalisierung ändert. Ansonsten reproduzieren sich trotz neuer „Schilder" immer wieder die tradierten Kommunikations- und Handlungsmuster, nach dem Motto „Alter Wein in neuen Schläuchen" (Hablützel 2008, S 349). Ein autoritärer Führungsstil wird die Digitalisierung demnach blockieren. Stattdessen sollte partizipativ gearbeitet werden, wenn ein nachhaltiger Wandel Richtung Offenheit, Agilität, Lernbereitschaft und Verantwortung angestrebt wird. Die Aussichten, dass Verwaltungen sich in diese Richtung entwickeln können, sind bei allem Beharrungsvermögen gar nicht so trübe. Der relativ schnelle, lösungsorientierte und improvisierende Umgang mit den plötzlichen Flüchtlingsströmen 2015 zeigt, dass Verwaltung durchaus „agil" sein kann, ein Trend, der sich durch die Werte und Konstitution der immer weiter einströmenden jüngeren Generationen weiter verstärken wird.

„Agil" sind auch neuere Ansätze des Change Managements, die nicht allein eine Analyse der Ist-Situation vornehmen, um anschließend „allumfassende" Maßnahmen einzuleiten (und damit einem Machbarkeitsmythos zu erliegen, der ihnen Glauben macht, dass sich die Kultur vom Verwaltungsvorstand konstruieren und dann Schritt für Schritt implementieren lässt (Oechsler und Paul 2019, S. 181–182). Stattdessen setzen diese Ansätze alternativ oder begleitend zum klassischen Change Management direkt beim Mitarbeitenden an. Typisch sind z. B. „**culture hacks**". Hierbei handelt es sich um minimal-invasive „Kulturkerben", mit deren Hilfe keine „großen" Veränderungen der Kultur herbeigeführt werden sollen. Vielmehr geht es darum, viele kleine, praktische Tricks und Tipps für den beruflichen Alltag zu finden. Mitarbeitende, die Einschränkungen oder Probleme entdecken, erarbeiten konkrete Lösungen und probieren sie anschließend aus. Ihre „Mini-Anstöße" bewirken im Idealfall eine schrittweise, positive Veränderung der Kultur an vielen Stellen der Verwaltungen. Systemiker sprechen in diesem Zusammenhang von bewussten „Störungen" des Systems, um gewohnte Routinen aufzuweichen bzw. zu durchbrechen. Die Vorschläge („Hacks") sind somit Experimente, die durchaus auch scheitern können (Scheller 2014 sowie Scheller 2017, S. 285 und

S. 541–546). Deshalb ist es wichtig, dass sie als experimentelle, fehlerorientierte Methode gesehen und vom Verwaltungsvorstand/Digitalisierungsteam ausdrücklich begrüßt, unterstützt, ja eingefordert werden. Nur so können sich die Mitarbeiterinnen und Mitarbeiter überhaupt trauen, kreativ zu werden und Verbesserungsvorschläge zu äußern. Ein solch ermunterndes Signal kann beispielsweise von Workshops ausgehen, bei denen die zentralen Akteure auf der einen Seite die eigene, aktuelle Kultur analysieren, in der Folgezeit „Hacks" entwickeln und sich darüber in der Verwaltung als auch untereinander erneut auszutauschen. Alternativ lässt sich darüber nachdenken, „**Kulturarchitekten**" aus allen Bereichen der Verwaltung auszubilden, die analog zu den digitalen Lotsen durch Hacks Kulturveränderungen in ihrem eigenen Bereich vorantreiben und somit zu Multiplikatoren dieser Bewegung werden.

4.1.4 Aufbau eines stimmigen Kommunikationskonzepts

Angesichts der menschlichen Scheu vor Veränderung sowie der besonderen Unternehmenskultur, ist es sinnvoll, dass Verwaltungen gezielte Kommunikationskonzepte entwickeln. Es sollte klar sein, wer im Haus wann, mit welchen Inhalten und in welchen Formaten informiert wird. Die Mitarbeiterinnen und Mitarbeiter können besonders gut ins Boot geholt werden, wenn die Kommunikation dabei möglichst kreativ ist und die emotionale Seite anspricht (Hablützel 2008, S. 349). Nur so kann Begeisterung bzw. Unterstützung geschürt und Ängsten oder Widerständen entgegengewirkt werden; eine Einweg-Belehrung von oben im Sinne von Kommandieren – Kontrollieren – Korrigieren greift nicht. Stattdessen werden alle Führungskräfte wie auch die Mitarbeitenden großflächig, wiederholt, offen, aktivierend und empfängerorientiert über die Hintergründe, Ziele, Abläufe, Methoden, Produkte und den Zeitplan der Digitalisierung informiert und sensibilisiert (Bartscher und Nissen 2017, S. 331–333 sowie Köhler 2018, S. 35). Um die Kommunikation lebendig, spielerisch und werbend zu gestalten, kann dabei auch „digitales" Spielzeug zum Einsatz kommen. Das Ausmaß der Bemühungen wird allerdings unterschiedlich groß sein. Kommen die zentralen Akteure zu der Einschätzung, dass im Haus bereits ein grundsätzliches Problembewusstsein vorhanden ist, und zwar in der Form, dass die Mitarbeitenden bereits wissen, warum Digitalisierung so wichtig ist und darüber hinaus die Bereitschaft signalisieren, sich mit den anstehenden Veränderungen auseinanderzusetzen, dann reicht es, einzelne Gesichtspunkte der Digitalisierung in Ruhe mit den Betroffenen anzuschauen; der Umfang der Informations- und Kommunikationsmaßnahmen sinkt. Halten die Verwaltungsmitarbeitenden ihre Arbeitssituation jedoch für selbstverständlich, unveränderbar und haben sie sich in ihrem Alltag „entspannt" eingerichtet, fehlt die Voraussetzung für den Lernprozess. In diesem Fall können sie unter Einsatz von Szenarien über die zukünftige Entwicklung „aufgetaut", oder positiver ausgedrückt, durch das Anpreisen der Möglichkeiten, Verbesserungen und ihrem persönlichen Nutzen durch die Digitalisierung bewusst in Bewegung versetzt werden. Bereitschaft für ein entsprechendes Engagement kann auf diese Weise aufgebaut werden (Doppler und Lauterburg 2005, S. 98); der Umfang der Informations- und Kommunikationsmaßnahmen nimmt in diesem Fall zu.

Entscheidet sich der Verwaltungsvorstand gemeinsam mit den zentralen Akteuren für diesen investiven und kommunikativen Weg, so sollte er in jedem Fall Antworten für eine Reihe von Fragen parat halten, die bei den Führungskräften und Mitarbeitenden so oder so ähnlich aller Voraussicht nach auftauchen werden, wenn sie das erste Mal mit dem Thema Digitalisierung konfrontiert sind. Typisch sind (Doppler und Lauterburg 2005, S. 97 f.):

• Warum kann die Verwaltung nicht so bleiben, wie sie jetzt ist?
• Was machen denn die anderen Verwaltungen?
• Was ist Ziel und Sinn der Digitalisierung?
• Warum gehen wir so vor und nicht anders?
• Wie soll das alles denn funktionieren, wenn die Technik heute schon nicht tut?
• Welche Rolle sollen wir bei der Digitalisierung spielen?
• Ich weiß nicht, ob ich Vertrauen zu den Entscheidern habe, kann ich denen überhaupt trauen?
• Haben wir nicht noch etwas Zeit und fangen später damit an?

Dem Verwaltungsvorstand ist zudem zu raten, im Kontakt mit den Führungskräften und Mitarbeitenden die unangenehmen Seiten des Veränderungsprozesses deutlich zu benennen und mögliche Reaktionen darauf einzuplanen. Wie jede andere (Mega-) Transformation beinhaltet auch die Digitalisierung ein „Tal der Tränen". Durch dieses müssen alle „durch", bevor die Vorteile des Wandels voll zum Tragen kommen. Betroffene sind dabei nicht nur die Belegschaft, sondern die gesamte Stadtgesellschaft (KGSt-Infotag 2019). Spricht der Verwaltungsvorstand die zu erwartenden Belastungen wahrheitsgemäß an, nimmt er die Beteiligten ernst und setzt zugleich ein Zeichen zugunsten einer transparenten Kommunikation.

Sind für alle Fragen und möglichen Reaktionen Antworten gefunden, kann die Verwaltung einem Kommunikationskonzept folgen, das sich an dem unter Abschn. 4.1.1. geschilderten Phasen der Veränderung orientiert (Zu den Interventionsplattformen siehe Bartscher und Nissen 2017, S. 331–333).

So geht es in der **Phase der Vorahnung** (**Phase 1**) darum, die Mitarbeiterinnen und Mitarbeiter durch **Information** auf die zu erwartenden Veränderungen vorzubereiten. Verwaltungsvorstand und Digitalisierungsteam sprechen im ganzen Haus offen an, dass sie sich mit dem Thema Digitalisierung intensiv beschäftigten. Kommen Gerüchte auf, werden diese fallweise kommentiert und damit in geordnete, geklärte Bahnen gelenkt. Ausgewählte Führungskräfte und Multiplikatoren, wie z. B. Personalrat, Personalmanager und ausgesuchte Vertreter aus allen Bereichen, werden in dieser Phase zudem in Gesprächen informiert. Hier bieten sich auch sogenannte **Sounding Boards** an, in denen sie regelmäßig über die verschiedenen Überlegungen unterrichtet werden und in einen (durch Externe unterstützten) moderierten Austausch mit den Digitalisierungsverantwortlichen kommen, etwa in einem dreimonatigen Abstand. Auf diese Weise kann der Digitalisierungsprozess reflektiert und die bislang geplante Vorgehensweise u. U. überdacht werden; außerdem lassen sich Empfehlungen für mögliche Konflikte erarbeiten. Um die mit dem Change Management beabsichtigte Partizipation und Information zu erhöhen, schadet es zudem nicht, wenn die Teilnehmerzahl bei diesem Zirkel größer ist (JP-Consulting & Training 2012).

Die gleichen Informationen gilt es auch in die Breite der Führungskräfte und Mitarbeiterschaft zu geben. Um hierfür gut aufgestellt zu sein, verständigen sich die zentralen Akteure im Vorfeld am besten auf geeignete **Informationsplattformen**. Für die Zielgruppe der Führungskräfte hat es sich in der Vergangenheit als praktisch erwiesen, einen E-Mail-Verteiler aller Personen mit Führungsverantwortung im Haus zu erstellen und ihnen die wesentlichen Mitteilungen über diesen Kanal vorab zukommen zu lassen. Die gleichen Informationen werden mit kurzen zeitlichem Versatz an die Mitarbeitenden herausgegeben. Durch die Zweiteilung der Informationsvergabe wird die Rolle der Führungskräfte gestärkt. Sie haben die Möglichkeit, in der Zwischenzeit Rückfragen zu stellen und sich auf mögliche Fragen ihrer Mitarbeitenden vorzubereiten (KGSt-Infotag 2019). Für die breite Belegschaft bieten sich neben Emails auch Personalversammlungen an, ebenso wie eine aktive Pressearbeit (z. B. Informationsschreiben, die der Gehaltsabrechnung beigefügt werden, Aushänge an schwarzen Brettern oder „News" an stationären Informationsbildschirmen für Mitarbeitende ohne PC, wie z. B. Erzieher und Reinigungskräfte). Denkbar sind zudem Newsletter, Hinweise im innerbetrieblichen Mitteilungsblatt, in der Mitarbeiterzeitung oder an Stammtischen. Für Büromitarbeiterinnen und -mitarbeiter sind neben Pop-up-News vor allem Chatrooms, Blogs und Vlogs (Video Blogs) im Intranet/Mitarbeiterportal sinnvoll. Um die Mitarbeitenden zum Lesen zu bewegen, ist es dabei sinnvoll, das Intranet/Mitarbeiterportal mit Informationen zu füttern, auf die Mitarbeitende ohnehin regelmäßig zugreifen, z. B. den Kantinenplan, das Telefonverzeichnis, Tausch- und Sammelbörsen oder

Betriebssportgruppen. Transparenzberichte, die von der Belegschaft erfahrungsgemäß gut angenommenen werden, lassen sich ebenfalls auf diesen Plattformen veröffentlichen. Sie erscheinen in regelmäßigen Abständen und berichten detailliert, was im Digitalisierungsprozess gut läuft, was weniger gut funktioniert und wie aktuell nachgesteuert wird (KGSt-Infotag 2019). Durch den offenen Umgang mit Fehlern wird bei dieser Gelegenheit der Kulturprozess aktiv angetrieben. Für welche Plattformen sich auch immer entschieden wird, die Verwaltungen machen es sich leichter, wenn sie sich an den innerbetrieblichen Kommunikationsstrukturen orientieren, die bereits bestehen, und auf diesen kreativ aufbauen. Wichtig ist in jedem Fall „mehrgleisig" zu arbeiten, um sicherzustellen, dass die Informationen möglichst viele Mitarbeitende erreichen.

Bei aller Sorgfalt und Kreativität im Vorfeld dürfen sich die Verantwortlichen nicht wundern, wenn die Mitarbeitenden teilweise gleichgültig, geschockt und verärgert auf die ersten Informationen reagieren. Ihnen sollte bewusst sein, dass die „Brille", durch sie selbst die Digitalisierung sehen, möglicherweise eine ganz andere ist, als die, durch welche die Mitarbeitenden schauen (Schneider und Sting 2019, S. 40). Aufgabe der Digitalisierungsverantwortlichen ist deshalb es, gelassen zu bleiben und die Sorgen der Betroffenen ernst zu nehmen. Dabei können ihnen **Workshops** und **Trainings** helfen, die sie vorab durchlaufen. Hier werden sie auf eventuelle Gegenströmungen vorzubereitet und zugleich für ihre eigenen Reaktionsmuster sensibilisiert. Sie lernen, mit der Sorge und dem Schreck von Mitarbeitenden gerade in Phase 1 und Phase 2 professionell umzugehen. Abgerundet wird dieser Lernprozess, indem sich die Verantwortlichen in größeren, regelmäßigen Abständen treffen, um sich über das Erlebte auszutauschen. Dies kann unter Einbezug externer Moderatoren in Form von **Peer Groups** erfolgen oder in **kollegialen Beratungsgruppen.**

Da die Mitarbeitenden in den folgenden **Phasen** der **Abwehr,** der **Rationalen** und **der Emotionalen Akzeptanz (Phasen 3** bis **5)** stark verunsichert sind, wandelt sich die Information in diesen Phasen zum **Dialog.** Menschen wollen in dieser Zeit typischerweise (hinter)fragen, diskutieren und mitgestalten. Gerade in Phase 3, der Abwehr, ist dieser Austausch immens wichtig, um den Ärger der Betroffenen aufzunehmen und konstruktiv zu verwandeln. Als **Dialogplattformen** sind beispielsweise **Roadshows** denkbar. Das bedeutet, dass das Digitalisierungsteam in einer Art „Hausmesse auf Rädern" durch die Verwaltung zieht und dabei mit Informationen, digitalen Produkten und Dialogen auf Ressortrunden oder anderen Austauschen für die Digitalisierung wirbt. Alternativ sind auch **gezielte Dialogrunden** oder **Workshops** denkbar, in welcher die Verantwortlichen auf die Fragen und Ideen der Mitarbeitenden eingehen, wie z. B. mit Hilfe von Open Space oder im Rahmen von Führungskräftefortbildungen. Zu beachten ist, dass diese Veranstaltungen von den Mitarbeitenden als integrierend erlebt werden, um die Veränderungsbereitschaft zu fördern; deshalb ist es sehr wichtig, hier vor allem die emotionale Seite der Mitarbeitenden gut anzusprechen. Werden auf diesen Veranstaltungen zudem regelmäßig die Digitalisierungsstruktur und die Projektzwischenstände kommuniziert, kann sich Vertrauen in der Belegschaft gegenüber dem Prozess aufbauen. Gleichzeitig lassen sich die Veranstaltungen für den Verwaltungsvorstand dazu nutzen, den Mitarbeitenden Wertschätzung und Dank für ihre in der Vergangenheit geleistete Arbeit auszusprechen. So wird das Engagement der Mitarbeitenden noch einmal gewürdigt und das sukzessive Loslassen unterstützt. Zum Einsatz können auch Blogs, in denen Verantwortliche oder Betroffene ihre persönlichen Erfahrungen mit der Digitalisierung breit im Haus (und unter ihrem echten Namen) teilen. Dies setzt allerdings voraus, dass sie von ihren Vorgesetzten dazu explizit ermutigt werden und dies nicht als „Spielerei" verstanden wird („Der blogt ja statt zu arbeiten", KGSt-Infotag 2019). Ziel aller Maßnahmen in diesen Phasen sollte es sein, die Belegschaft zu ermutigen und Verständnis zu wecken, um so die rationale und emotionale Akzeptanz zu ermöglichen bzw. zu beschleunigen. Für die bereits angesprochenen Schlüsselpersonen und Multiplikatoren ist es in der Zeit zudem sinnvoll, weiterhin **Sounding Boards** stattfinden zu lassen, oder, falls gewünscht und finanziell machbar, zwanglose und informellere **Kamingespräche** in angenehmer Umgebung.

Die Dialogveranstaltungen sind ein gutes Mittel, schon regelmäßig auf angedachte und bereits existente Unterstützungsmaßnahmen bzw. **Unterstützungsplattformen** (z. B. Seminare u. Ä.) hinzuweisen. So wird weiter Vertrauen geschaffen. Das eigentliche Durchlaufen der Schulungen erhöht zudem die Neugier und das Selbstvertrauen der Mitarbeitenden. Sie erfahren Beistand und Bestätigung, die ihnen vor allem durch die **Phasen** der **Öffnung** und **Integration** helfen, also **Phasen 6** und **7**. Die Personalabteilung, insbesondere die Personalentwicklung, nimmt in dieser Zeit eine aktiv-begleitende Rolle ein (Interview 4 und Interview 7). Sie unterstützt den anstehenden Kompetenzaufbau mit **Seminaren**, **Workshops** und **anderen Lernarenen**. Dabei vermittelt sie den Digitalisierungsverantwortlichen als auch den Mitarbeitenden, dass nicht alles von Beginn an makellos und routiniert verläuft; die Entwicklung der verschiedenen Unterstützungsmaßnahmen ist ein inkrementaler Prozess, bei dem im Trial-und-Error-Modus verschiedene Schulungsalternativen ausprobiert, ggf. angepasst oder auch gänzlich gestrichen werden. Diese Herangehensweise ist wieder eine Werbung, aus Fehlern zu lernen und ein im Digitalisierungsprozess angelegtes, bewusstes Plädoyer für die Veränderung der Verwaltungskultur.

4.1.5   Die Rolle des Personalmanagements

Das Personalmanagement spielt im Rahmen der Digitalisierung und des begleiten-den Change Managements eine wichtige Rolle. Seine Aufgabe ist es, gemeinsam mit dem Verwaltungsvorstand, dem CDO und dem Digitalisierungsteam vor Beginn der Digitalisierung über ein mögliches Change Management zu diskutieren und bei dessen Ausgestaltung mitzuentscheiden. Darüber hinaus kommt ihm innerhalb des gesamten Prozesses die Aufgabe zu, Zwischenbilanzen zu halten und zu schauen, ob die verschiedenen Schritte und (Informations-, Dialog- und Unterstützungs-) Maßnahmen gut ankommen oder verändert werden müssen; bildlich gesprochen nimmt das Personalmanagement also die aufschäumenden Wellen auf, um sie immer wieder in geordnete Bahnen zu lenken. Spätestens an dieser Stelle wird deutlich, wie extrem wichtig die konstruktiv-positive Zusammenarbeit von Verwaltungsvorstand, CDO, Digitalisierungsteam, Organisation und Personal für das Gelingen der Digitalisierung ist. Nur wenn diese Gremien Hand in Hand arbeiten, sich gut austauschen und abstimmen, sind sie in der Lage, den Prozess zielgerichtet zu steuern und zu begleiten; das persönlich gute Miteinander diese Personen („good vibrations", Sympathie, Wohlwollen, konstruktive Haltung) sind neben den regelmäßigen, formalen Austauschen deshalb ein nicht zu unterschätzender Erfolgsfaktor.

Die Personalentwicklung spielt im Rahmen des Personalmanagements eine spezielle Rolle. Ihre Aufgabe, u. U. mit Hilfe von externen Beratern, ist es zu überlegen, mit Hilfe welcher Methoden der Veränderungsprozess generell begleitet werden kann (Kollegiale Beratung oder Peer Groups? Open Space oder World Café? Oder beides?). Gleichzeitig entwickelt sie Ideen und Angebote, wie gerade die Führungskräfte als Träger und Multiplikatoren der Digitalisierung unterstützt werden können. Die Personalentwicklung plant und choreografiert somit auf der einen Seite das gesamte „Lernhaus" (ist also fachliche Beratung und Begleitung des Verwaltungsvorstandes bzw. des Digitalisierungsteams) und ist hält andererseits neben der „normalen" Mitarbeiterentwicklung alle Schulungs- und Begleitungsmaßnahmen für die Führungskräfte bereit (wie z. B. Unterstützung bei kritischen Mitarbeitergesprächen, Bartscher und Nissen 2017, S. 327).

4.2   Bausteine der Personalentwicklung

Im Folgenden sollen Vorschläge gemacht werden, welche Bausteine die Personalentwicklung anbieten könnte, um ihrer beschriebenen Funktion nachkommen zu können. Diese Vorschläge können von der Verwaltungsspitze und allen Personen diskutiert bzw. getragen werden, die mit der konkreten Initiierung und Umsetzung der Digitalisierung betraut sind.

4.2.1 Baustein 1: Entscheidung über die Zusammenstellung Projektteam

Als erstes berät und entscheidet der Verwaltungsvorstand darüber, wer in das Projektteam Digitalisierung von seiner Funktion und seinen Fähigkeiten her berufen wird. Welcher der Verwaltungsvorstände gehört hier hinein? Wer im Haus könnte angesprochen werden? Wer hat Kapazitäten für eine solch langwierige und intensive Aufgabe?

4.2.2 Baustein 2: Workshop(s) Projektteam Digitalisierung

Das einmal zusammengestellte Projektteam findet sich in einem oder mehreren Workshops in seine Arbeit ein. Es sollte konkret darüber beraten, welche Struktur es sich geben will, wie eine Gesamtstruktur Digitalisierung aussehen könnte und wie es in dieser Struktur eingebettet sein kann. Außerdem ist festzulegen, welche Aufgaben konkret auf das Team zukommen. Hier ist es sinnvoll, sich zunächst eine grobe Vorstellung davon zu machen, in welchen Schritten die Digitalisierung ablaufen könnte, „to-do's" auszuarbeiten und festzulegen, wer wofür zuständig ist. Diese Ausarbeitung kann dabei nur „ungefähr" und „nach dem jetzigen Kenntnisstand" sein, denn es ist klar, dass zum jetzigen (und auch späteren) Zeitpunkt wesentliche Entscheidungen und Prozesse ausstehen. Das Team arbeitet also nach dem Trial-and-Error-Prinzip und passt seinen Fahrplan in Abhängigkeit der kommenden Informationen immer wieder an; es füllt seine Aufgabe Schritt für Schritt mit eigenen Überlegungen bzw. Entscheidungen und arbeitet damit agil. Das Projektteam macht sich zudem erste Gedanken, welche Hürden bei der Digitalisierung auftauchen könnten, und wie diese ggf. beseitigt werden könnten. Es entscheidet damit auch über einen möglichen Rückfallplan, immer mit dem Appell, dass phantasievolle, ressourcenschonende und gleichzeitig gesetzeskonforme Lösungen ausdrücklich erwünscht sind. Diese Beschreibung macht deutlich, wie zentral die Rolle des Digitalisierungsteams im gesamten Prozess ist. Um die Arbeit möglichst reibungslos zu gestalten, kann in den Workshops deshalb auch das persönliche Miteinander des Teams unterstützt werden, beispielsweise durch kreative Vorstellungsrunden, intensivem gegenseitigen Austausch auch über Persönliches, Team „spiele" und die Thematisierung von Spannungen, sollten diese auftauchen.

4.2.3 Baustein 3: Entwicklung einer Digitalvision

In einem nächsten Schritt erarbeiten der Verwaltungsvorstand und das Projektteam gemeinsam mit Bürgerinnen und Bürgern, Vertretungen von Unternehmen und zentralen Akteuren aus den verschiedenen Stadtämtern/Gesellschaften eine Digitalvision für das Stadtgebiet. Dabei ist es sicherlich sinnvoll, externe Beratungsfirmen für die Moderation dieser Veranstaltung(en) heranzuziehen. Die Teilnehmenden bilden damit einen „think-tank für smart city". Am Ende dieses Bausteins besteht ein konkretes Bild darüber, wie eine digitalisierte Stadt aussehen kann, versehen mit einem Zeitplan. Sinnvoll kann es dabei auch sein, die größten bekannten Kritiker der Digitalisierung in diesen Prozess mit hinein und damit ins Boot zu holen. Der Widerstand kann so u. U. in Unterstützung umgewandelt werden. Hieran schließt sich in einem zweiten Schritt eine Vision der ‚Stadtverwaltung – Arbeit 4.0' an, d. h. es wird in einem weiteren Workshop eine klare Vorstellung darüber erarbeitet, welche Konsequenzen sich aus der Digitalisierung für die internen Strukturen und Prozesse der Stadtverwaltung ergeben. Sollen spezielle Organisationstrukturen, wie z. B. digitale Lotsen, eingezogen werden? Wird es Kulturarchitekten geben? Sind andere, flachere Strukturen denkbar und sinnvoll? Werden Stellen gestrichen, in welchem Umfang? Wie soll die Arbeit für die Mitarbeitenden in fünf Jahren aussehen? Was wird sich verändert haben? Was wird bleiben? Welche Konsequenzen hat dies auf die Raumplanung und vor allem auf die Raumgestaltung? Ist sie offen, transparent, hierarchiefrei? Welche Aufgaben ergeben sich daraus für das Personalmanagement, speziell für die Personalentwicklung? Um hier eine möglichst präzise, von allen getragene Vision zu erarbeiten, sollten hier in jedem Fall die Vertretungen von Personal und Organisation sowie Personalrat, die Gleichstellung und die Schwerbehindertenvertretung miteingebunden sein. Wichtig ist es auch, diese Vision möglichst über die nächsten Wahlen hinauszutragen, führen Wahlen und entsprechende personelle Veränderungen doch dazu, dass Pläne auf den Prüfstand kommen und Absichten teils oder ganz revidiert werden (Schedler und Siegel 2005, S. 94–95). Der Visionsprozess muss deshalb die Termine und das Erscheinen neuer Entscheidungsträger berücksichtigen sowie den Prozess beschleunigen. Oder es findet eine parteiübergreifende Verständigung statt, die Vision auch nach personellen Veränderungen weiter zu verfolgen.

4.2.4   Baustein 4: Einrichtung digitaler Lotsen

Ist die Digitalvision einmal formuliert und ist mit ihr eine Entscheidung über digitale Lotsen gefallen, so überlegt das Projektteam, wie diese digitalen Lotsen etabliert werden können. Wie genau sollten ihre Aufgaben aussehen? „Pushen" sie digitale Projekte und sind sie Ansprechpartner für Führungskräfte und Mitarbeitende? Denken sie sich eigene digitale Projekte aus? Suchen sie „einfach nur" schicke, sinnvolle Apps für den Hausgebrauch? Wie lassen sie sich im Haus gewinnen, wie auswählen? Benötigen sie Schulungen, wenn ja in welcher Form mit welchen Inhalten? Außerdem sollte sich an dieser Stelle bewusst die Frage gestellt werden, ob die digitalen Lotsen ihre Aufgaben neben ihrer regulären Arbeit quasi „on-top" betreiben oder ob sie zusätzliche Zeitanteile für diese Arbeit bekommen sollen. Hier wird letztere Alternative eindeutig befürwortet, denn ohne die Zusage über entsprechende Zeitanteile lassen sich weder ausreichend (motivierte) Lotsen finden noch ist eine qualitativ hochwertige, agile Arbeit zu erwarten; Denken und Umsetzung erfordert Zeit. Die Erfahrungen, welche die Digitalen Lotsen im Laufe der Digitalisierung machen, sollten zudem regelmäßig untereinander reflektiert werden, z. B. in Form von kollegialen Beratungsgruppen. Zum anderen ist es sinnvoll, diese Erfahrungen regelmäßig in offiziellen Austauschen zu sammeln und an die Projektgruppe Digitalisierung zurückzuspielen.

4.2.5   Baustein 5: Auseinandersetzung mit der eigenen Verwaltungskultur

Ein zentraler Baustein der Digitalisierung ist die Auseinandersetzung der Verwaltung mit ihrer eigenen Kultur und deren Veränderung. Da eine solche Aktion komplex und langwierig ist, sollte sie nicht nur gut geplant werden, sondern auch mit externer Hilfe erfolgen. Sie beginnt idealerweise mit in einem Workshop des Verwaltungsvorstandes. Hier wird die Ist-Kultur analysiert und die eigene – sicht- wie unsichtbare – Haltung zu den bevorstehenden Veränderungen genauer in Augenschein genommen („Die Treppe kehrt man von oben").

Der Verwaltungsvorstand kann beispielsweise mit der spontanen Beantwortung der folgenden Fragen starten (Brandes et al. 2014, S. 99; KGSt-Infotag 2019):

- Welches Problem löst die Verwaltung? Warum gibt es überhaupt Verwaltung?
- Was macht unsere Verwaltung besser als andere?
- Warum können wir stolz darauf sein, bei uns zu arbeiten?

- Was ist spezifisch für unsere Verwaltung?
- Wie kommen wir bei anderen an?
- Was tun wir, um ein hohes Engagement zu fördern?

Einen vertiefenden Einstieg bieten auch die folgenden Fragen:

- Was sind typische Sätze, die bei uns im Alltag bei uns immer wieder gesagt werden? („Alles gut" oder „das haben wir schon immer so gemacht"?)
- Welche besonderen (Status)symbole spielen bei uns eine wichtige Rolle?
- Was ist typisch für den Umgang untereinander bei uns?
- Welche Werte haben wir? Wie reagieren wir, wenn diese Werte verletzt werden?

In diesem Workshop wird also eruiert, welche Gedanken, Glaubenssätze und Gewohnheiten im Verwaltungsvorstand herrschen. Wie machen sich diese bemerkbar? Welches Menschenbild überwiegt in den Köpfen der Vorstandsmitglieder? Steht es im Einklang mit der geplanten Digitalisierung? Wie lässt sich dieses ggf. verändern? Wie ist die Haltung des Verwaltungsvorstandes zu Verantwortung, zum Loslassen, zu weniger Kontrolle und Perfektionismus, zu mehr Fehlerorientierung? Lässt er es angesichts der steigenden Informationsflut und -schnelligkeit zu, dass mehr an Menge und weniger in die Tiefe gearbeitet wird? Ist der CDO bereit, klare Richtlinien zu erlassen, dass Mails über Stunden liegen gelassen werden dürfen und Ausrufezeichen als Dringlichkeitsausdruck beim Absenden der Mails nur in Ausnahmefällen zugelassen sind? Ist es sinnvoll und angemessen, dass Führungskräfte und Mitarbeitende während Sitzungen und Schulungen auf Smartphones und Tablets schauen, um zeitgleich zu arbeiten?

Darüber hinaus können in diesem Rahmen die Normen und Werte bezüglich des „Empowerments" vertieft angeschaut werden. Wie wahrscheinlich ist es, dass ein Mitarbeitender seine Vorstandsmitglieder im Beisein von Kollegen explizit kritisiert (je höher der Wert, desto größer die Wahrscheinlichkeit, dass sich Führungskräfte und Mitarbeitende auf Augenhöhe begegnen), welches Klima für selbstbestimmtes Arbeiten herrscht in der Verwaltung vor (will der Verwaltungsvorsand kompetente und einflussreiche Führungskräfte und Mitarbeitende oder ist es ihnen wichtiger, Kontrolle auszuüben und die Zügel in der Hand zu haben)? Sitzen Vorstandsmitglieder bzw. Führungskräfte in einem Büro mit ihren Mitarbeitenden oder hierarchisch voneinander getrennt? Gehen sie gemeinsam essen? Bestellen Vorstand und Führungskräfte ihre Mitarbeitenden in ihre Büros ein, wenn sie etwas besprechen möchten oder gehen sie zu den Mitarbeitenden (Schermuly 2019, S. 237–238)?

In einem zweiten, erweiterten Schritt erfolgt die gemeinsame Auseinandersetzung von Verwaltungsvorstand, Digitalisierungsteam, Organisation und Personal, Personalrat, Gleichstellung und Schwerbehindertenvertretung und anderen, zentralen sowie interessierten „Weisen" (auch aus den Fachbereichen). Mögliche Fragen können hier sein „Was haben wir aktuell für eine Kultur? Wo möchten wir hin? Wie sieht eine Kultur aus, die offener, experimentierfreudige und anpassungsfähiger ist? Wie sieht eine Kultur aus, die unsere Vision ‚Stadtverwaltung – Arbeit 4.0' unterstützt? Wie soll unsere Kultur in 5 bzw. in 10 Jahren aussehen? Was müssen wir dafür tun? Wie können wir unsere Überlegungen transportieren? Wie können wir die Mitarbeitenden in die Veränderung der Kultur reinholen, eigene Ideen entwickeln und umsetzen lassen? Wie lässt sich die Digitalisierung in die täglichen Prozesse integrieren bzw. verankern? An welchen Stellen ist dies besonders wichtig?".

Die Ergebnisse der Workshops werden in die nachgeordneten Führungsebenen transportiert und gehen dort ebenfalls in die Auseinandersetzung. Auch auf diesen Ebenen soll die unsichtbare Welt der Verwaltungskultur deutlich gemacht und in die Veränderung gelangen, z. B. auf Ressortrunden, Ressortklausuren, Führungskräfteveranstaltungen. Hier können Fragen gestellt werden, wie „Was, Führungskräfte, ändert sich durch die Digitalisierung für Euch? Was genau heißt das? Was braucht Ihr, um mitgehen zu können? Was müssen wir an unserer Kultur verändern?" Gleiches gilt für die Ebene der Mitarbeitenden. Workshops und Großgruppenverfahren bieten sich an, alle an diesem Thema Interessierten zusammen zu bringen. Werden die Workshops zudem mit agilen Methoden moderiert, lässt sich noch mehr Bewegung in das System bringen. An dieser Stelle ist es auch empfehlenswert, die bereits beschriebenen Workshops anzubieten, auf denen die eigene Kultur analysiert und in der Folgezeit „Hacks" entwickelt werden, um kleine und praktische Veränderungen in eine positive Richtung zu ermöglichen. Auch regelmäßige (beispielsweise monatliche), über die Verwaltung verteilte „Lean Coffees" sind hier eine gute Möglichkeit, der Kultur auf verschiedenen Ebenen und von unterschiedlichen Punkten der Verwaltung aus gleichzeitig Impulse zu geben, vor allem dann, wenn hier Mitarbeitende der Querschnittsfunktionen und der Fachbereiche zusammenkommen und die theoretischen Überlegungen konkret in die Praxis umsetzen. Wichtig dabei ist der regelmäßige Austausch über diese Veränderungen, um Erfolgserlebnisse für die Beteiligten entstehen zu lassen, die Dynamik des Prozesses zu erhalten und sie in größere Bahnen zu lenken.

Alle auf diese Weise erarbeiteten Rückmeldungen werden wieder „nach oben" gespielt und in entsprechende Maßnahmen verarbeitet, koordiniert durch das digitale Projektteam. Gemeinsam mit dem Personalmanagement kann so ein eigenes „Kulturkonzept" aufgebaut und sukzessive umgesetzt werden. Hindernisse und Probleme, die selbstverständlich dabei auftauchen, können wiederum agil bearbeitet und gelöst werden, auch durch gemischte Führungskräfte- und Mitarbeitergruppen. Die Kulturveränderung ist damit ein ständiger Prozess, der ebenso wie der „große" Digitalisierungsprozess Schritt für Schritt erfolgt und je nach Information und Entwicklung immer wieder angepasst wird. Die einmal erzielten (Zwischen-) Ergebnisse sollten immer wieder gut im Haus kommuniziert werden. Zudem ist zu beachten, dass die Formulierung idealisierter Leitbilder und Grundsätze allein keine Veränderung auslösen kann. Wenn die Mitarbeitenden sehen, dass den „schönen Worten" oder dem „Aufhübschen der Fassade" keine Taten folgen, verpuffen die Maßnahmen. Schlimmer noch, es macht sich Zynismus breit. Kulturinitiativen sind in diesem Fall eher schädlich, als dass sie der Verwaltung nutzen. Umso wichtiger ist es, die Ergebnisse nicht nur in Führungsleitlinien bewusst aufzugreifen und ihre Verfestigung finden zu lassen. Noch essenzieller ist es, die Leitsätze in die Organisation und die Arbeitsabläufe konkret zu verankern. Hier sollten die Regeln angepasst werden, wie die Mitarbeitenden ihre Arbeit erledigen (weniger Formalisierung? Nach Zielen, die sich in den Gruppen bilden?), wie die Kommunikationswege aussehen (inklusive der Mitarbeitergespräche) und wie Personalentscheidungen (Stellenbesetzungsverfahren) getroffen werden (Ibold et al. 2018). Gerade die Führungskräftebesetzung ist hier eine große Stellschraube. Personalverantwortlichen ist zu raten, diejenigen Personen als Führungskräfte auszuwählen, die zur angestrebten Kultur passen (Groysberg et al. 2018, S. 30).

Wer den Veränderungsprozess sehr systematisch angehen will, kann im Anschluss an den Workshop des Verwaltungsvorstandes auch eine Mitarbeiterbefragung zur Feststellung der Ist-Kultur durchführen. Die Ergebnisse der Befragung werden anschließend in weiteren Workshops aufgegriffen. In diesen treffen beispielsweise Ämter mit ähnlichen Befragungsergebnissen aufeinander und arbeiten ihre Kernaussagen noch einmal heraus. Teilstrukturierte Interviews mit Führungskräften lassen sich ebenfalls für die Ist-Analyse der Verwaltungskultur einsetzen. Sie runden das Gesamtergebnis ab (Volz 2019). Für die Erarbeitung von Zielvorstellungen und konkreten Maßnahmen zur Modernisierung der Verwaltungskultur sind auch Zukunftswerkstätten sinnvoll. Üblicherweise verläuft dieses Großgruppenverfahren in drei Phasen „Kritik – Fantasie – Realisierung" (Lipp und Will 2008, S. 226 f.). Wer nach einer vorgegebenen Themen- bzw. Fragestruktur für den Gesamtprozess sucht (Ist- und Soll-Analyse der Kultur inklusive der geplanten Maßnahmen), sollte einen Blick auf das Modell der Firma ‚Great place to work' werfen. Es arbeitet mit neun, für den Unternehmenserfolg relevanten Handlungsfeldern: Ziele besser erreichen (d. h. informieren, zuhören und inspirieren), Bestleistung fördern (anerkennen, entwickeln und fürsorgen) sowie starke Teams bilden (feiern, beteiligen, integrieren). Mit diesem – sehr interessanten – Themenraster ist es möglich, eine detaillierte Analyse der Ist-Kultur zu erstellen und die sich anschließenden Maßnahmen in „Häppchen" zu erarbeiten. So können beim Thema „Informieren" z. B. Ideen geboren werden wie „Bring your kids zum Bewerbungsgespräch". Beim Thema „Wertschätzen" kann der Impuls entstehen, dass Lob künftig schriftlich per Mail ausgesprochen wird, unter Einbeziehung der Vor-Vorgesetzten in cc. Beim Handlungsfeld „Entwickeln" kann die Maßnahme aufkommen, dass die fünf „nervigsten" Prozesse im Haus durch die Mitarbeitenden benannt werden und anschließend fünf Teams im Haus gebildet werden, welche die Prozesse optimieren (KGSt-Infotag 2019).

4.2.6 Baustein 6: Auseinandersetzung mit Change Management

Der nächste Schritt besteht darin, dass sich Vorstand, Digitalisierungsteam, Organisation und Personal mit dem Thema Change Management beschäftigen. Mit den Kernaussagen von Potter im Kopf, setzen sie die grundsätzlichen Leitplanken des Change Managements fest. Welche Konsequenzen ziehen wir aus unseren bisherigen Erkenntnissen? Welche Überlegungen haben wir nach Durchlaufen der bisherigen Bausteine? Wer sind Treiber und Gestalter der operativen Umsetzung, welchen Entscheidungsrahmen haben sie? In welchen Abständen berichten sie über den Status der Veränderungsprojekte? Baustein 6 steht damit in unmittelbaren Zusammenhang mit Baustein 7, da ein wesentlicher Anteil des Change Management in der Erarbeitung eines Kommunikationskonzeptes liegt, wie beschrieben.

4.2.7 Baustein 7: Erarbeitung eines Kommunikationskonzepts

Bei der Festlegung, zu welchem Zeitpunkt und auf welche Weise für die Digitalisierung geworben wird, arbeiten Digitalisierungsteam und Pressestelle am besten Hand in Hand. Die Beteiligten können bei dieser Gelegenheit auch klären, wie sie die Erfolge von kleinen und großen („Leuchtturm-")Projekten „öffentlichkeitswirksam" zelebrieren und kommunizieren wollen. Bei den Informationsplattformen wird an dieser Stelle das Soundboard sehr empfohlen sowie die Nutzung der geschilderten analogen und digitalen Medien, insbesondere interaktive Mitarbeiterportale.

Auch Newsletter sind sehr sinnvoll. Sie können neben den reinen Sachstandsinformationen explizite Regeln enthalten, die im Zusammenhang mit der Digitalisierung sinnvollerweise aufgestellt werden. Dies kann z. B. der Appell sein, die persönliche Erreichbarkeit zu begrenzen und Emails nach 19 Uhr nur in Ausnahmefällen zu beantworten. Oder die ausdrückliche Erlaubnis, Mails quer zu lesen und zu löschen. Oder sie enthalten die Ermunterung, Kolleginnen und Kollegen bei fachlichen Themen persönlich aufzusuchen (vor allem dann, wenn sie nebenan oder den Flur runter arbeiten), selbst wenn Emails mitunter leichter und schneller zu schreiben sind; das menschliche Miteinander bleibt so eher bestehen (Interview 4). Zuletzt lassen sich wichtige Ankündigungen, Best Practices und Erfolgsgeschichten interessant und breitenwirksam erzählen. Da Newsletter sowohl Mitarbeitenden mit und ohne PC-Zugang zugehen, sind sie zudem ein Garant dafür, dass die gesamte Belegschaft die gleichen Informationen erhält. Einer Spaltung zwischen PC- und Nicht-PC-Mitarbeitenden im Haus wird so entgegengewirkt.

Ein weiterer Hinweis: Die persönliche Information hinterlässt bei Menschen einen tieferen Eindruck als die schriftliche Kommunikation (Bartscher und Nissen 2017, S. 332). Insofern sollten „face-to-face"-Veranstaltungen einen festen Bestandteil der Informations- und Dialogplattformen bilden, wie u. a. die beschriebenen Soundboards, Roadshows, Führungskräfteveranstaltungen und Personalversammlungen. Sie lassen sich nutzen, um regelmäßige Informationen über den Hintergrund und den Stand der Digitalisierung geben. Verwaltungsvorstand und Digitalisierungsteam können zudem von ihrer eigenen Warte aus über bestpractices berichten und klarmachen, mit Hilfe welcher Methoden und inneren Haltung Probleme bereits gelöst werden konnten. Außerdem bietet sich ihnen die Chance, den Anwesenden Wertschätzung auszusprechen und auf Unterstützungsmaßnahmen hinzuweisen. Der Transformationsprozess wird für die Anwesenden so unmittelbar spürbar. Finden die Veranstaltungen für Führungskräfte statt, kann ihnen bei dieser Gelegenheit auch noch einmal verdeutlicht werden, dass sie die Katalysatoren für den Wandlungsprozess sind; und dass es an ihnen liegt, nicht nur die technischen Veränderungen zu initiieren, sondern auch den mittelfristig anstehenden Stellenumbau bzw. -abbau zu verantworten, mitzutragen und ihren Mitarbeitenden beizustehen. Dabei spielt es keine Rolle, ob die Ansprache der Führungskräfte bei Großgruppenveranstaltungen erfolgt, gespickt mit Events und „digitalen Spielen" (Interview 3), oder auf „kleineren" Führungsrunden, z. B. in Ressorts oder verschiedenen Führungskräftefortbildungsgruppen.

Ergänzend sei darauf hingewiesen, dass bereits heute in Verwaltungen einiges an (digitaler) Technik im Einsatz ist und diese mitunter nicht (optimal) funktioniert („der Beamer fällt mal wieder aus", „warum habe ich ständig Systemabbrüche?", „WLAN wackelt" oder „das Telefonverzeichnis ist z. T. nicht zugänglich"). Führungskräfte und Mitarbeitende, die solche Einschränkungen bzw. Ausfälle im alltäglichen Arbeiten spüren, reagieren tendenziell misstrauisch, sogar gereizt, wenn ihnen weitere Technisierung in Aussicht gestellt wird. Deshalb ist es bei der

Erarbeitung des Kommunikationskonzepts umso wichtiger, diese Ausfälle zu kennen, auf sie (im Zweifelsfall mit Humor) einzugehen und gute Argumente einzuarbeiten, damit die Angesprochenen zuversichtlich mitgehen können („Rom wurde nicht in einem Tag erbaut. Wir kriegen das hin. Wir lernen aus Fehlern.").

4.2.8 Baustein 8: Erarbeitung von Unterstützungsplattformen

Im achten Baustein sind unter Beteiligung des Personalmanagements, speziell der Personalentwicklung, Festlegungen zu treffen, welche Schulungen den Fach- und Führungskräften angeboten werden. Gerade die Unterstützung der Führungskräfte bildet einen Schwerpunkt. Denn Führungskräfte wirken an der Transformation zur digitalen Kommune entscheidend mit. Sie sind Innovator, Multiplikator, Motivator und Umsetzer. Dabei stecken sie in einer mehrfachen Belastungssituation. Einerseits sind sie aufgefordert, am Veränderungsprozess aktiv mitzuwirken und ihn zu verantworten. Parallel dazu erleben sie die Veränderungskurve am eigenen Leib, während sie gleichzeitig ihre Mitarbeiterinnen und Mitarbeiter führen, die von ihnen die notwendige Orientierung auf dem „Ritt durch die Veränderungskurve" erwarten (und teils auch einfordern). Insofern erstaunt es nicht, dass sich Führungskräfte schon vor dem eigentlichen Digitalisierungsbeginn bereits einem hohen Veränderungsdruck ausgesetzt sehen (könnten). Deshalb ist es wichtig, für sie eine Lanze zu brechen und sich Gedanken zu machen, mit Hilfe welcher Methoden gerade sie unterstützt und begleitet werden können.

Im Folgenden werden verschiedene Schulungsformate aufgeführt, die bei der Unterstützung von Führungskräften und Mitarbeitenden in Verwaltungen diskutiert werden könnten. Dabei entscheidet jede Kommune selbst, welche der geschilderten Formate sie mit welcher Priorität einsetzen möchte (da sicherlich nicht alle gleichzeitig stattfinden können). Und sie entscheidet, ob und wie sie diese in bestehende Schulungssysteme (teil)integrieren will.

1. **Sensibilitätstraining Verwaltungsvorstand und Digitalisierungsverantwortliche**

Als Ergänzung zur Kulturdiskussion auf der Vorstandsebene, bietet es sich an, die Vorstandsmitglieder in Bezug auf ihr eigenes Vorleben, ihren Führungsstil und ihr Kommunikationsverhalten zu schulen. Regelmäßige, etwa zweimal jährliche stattfindende, zweitägige Workshops lassen sich nutzen, um die eigene Haltung zu reflektieren (das eigene Menschenbild, das eigene Maß an Verantwortung, Vertrauen, aktives Zuhören, Wertschätzung und Konfliktlösung). Die Vorstandsmitglieder können hier (wie alle anderen Führungskräfte im Haus in anderen Programmmodulen) die Einsicht gewinnen, dass Vertrauen und Verantwortung fein miteinander verwoben sind, sie quasi zwei Seiten einer Medaille bilden. Denn nur Führungskräfte, denen vertraut wird, übernehmen Verantwortung und nur Führungskräften, die Verantwortung übernehmen, wird schlussendlich (von oben und von unten) vertraut (Scheller 2017, S. 147). Das Sensibilitätstraining ist zugleich ein Weg, das eigene Miteinander im Vorstandsteam zu hinterfragen und mögliche Spannungen anzusprechen. So lässt sich im Anschluss produktiver miteinander arbeiten.

Diese Art von Training muss nicht auf den Kreis der Vorstandsmitglieder beschränken. Auch die wesentlichen Digitalisierungsverantwortlichen können Sensibilitätsschulungen durchlaufen. In diesem Fall lernen die Teilnehmenden vor allem der Sorge und dem Schreck von Mitarbeitenden gerade in Phase 1 und Phase 2 mit Offenheit zu begegnen und aktiv auf sie zuzugehen. Sie üben neben dem aktiven Zuhören ehrliches Verständnis für Befürchtungen zu entwickeln, ohne darauf zu verzichten, die Notwendigkeit der Digitalisierung wiederholt klarzulegen und – bei allem Verständnis – den Betroffenen ggf. klare Grenzen zu setzen. Falls gewünscht ist es sinnvoll, auch hier eine kollegiale Gruppe oder moderierte Peer Group einzurichten, damit die Beteiligten in größeren Abständen das Erlebte reflektieren.

2. Kompaktschulungsreihe „Digital Führen" für Führungskräfte

Für alle Führungskräfte jenseits der Vorstandsmitglieder ist es sinnvoll, eine Kompaktreihe aufzulegen. Sie begleitet die Führungskräfte in ihrer persönlichen Reife und hilft ihnen, noch mehr in den Dialog (mit sich und) ihren Mitarbeitenden zu gehen. Die Herausforderung liegt dabei darin, im eigenen Kopf aufzuräumen und tief verwurzelte, lang eingespielte Denkmuster und Verhaltensweisen auszusortieren:

	Themen Kompaktschulungsreihe „Digital Führen"
1	Digitales, transformationales Führungsverständnis
	• Verantwortung von Führungskräften
	• Selbstverantwortung von Mitarbeitenden
	• Die Führungskraft als „Enabler"
	• Primat der offenen, transparenten Kommunikation
	• Schaffung und Einhaltung formeller Kommunikationsstrukturen
	• Förderung der Informationsholschuld bei Mitarbeitenden
	(„Gab es etwas während ich als Führungskraft im Urlaub war?"
	„Bitte fragt die Breaking News als erstes morgens auf dem Mitarbeiterportal ab")

2	Persönliche Haltung und Reifung • Selbsteinschätzung und -reflexion der eigenen Persönlichkeit und Führungshaltung • Eigenes Menschenbild • Vertrauen versus Kontrolle
3	Kommunikation • Fragekompetenz • Feedbackkompetenz • Motivierende Wortwahl • Effiziente Dienstbesprechungen • Agile Besprechungen • Fehlerkultur
4	Führung unterschiedlicher Generationen

Der Schwerpunkt der Kompaktschulung liegt auf der transformationalen Führung. Die Teilnehmenden erhalten hierfür eine kurze theoretische Einführung. Um die persönliche Reifung zu unterstützen, beschäftigten sich die Führungskräfte anschließend in stark selbstreflektierenden Lerneinheiten mit dem eigenen Wesen (z. B. durch Persönlichkeitsmodelle wie die von Fritz Riemann, DISG oder IN-SIGHT) und arbeiten am eigenen Menschenbild, der eigenen Verantwortung und dem eigenen Vertrauen zu den Mitarbeitenden. Methoden, welche die Auseinandersetzung mit dem eigenen Vertrauen öffnen, sind beispielsweise „Biographie-Blogs", bei dem die Teilnehmenden anhand von vier Fragen so offen wie sie möchten ihre Lebensgeschichte erzählen („In welche Familie wurde ich hineingeboren? Was hat mich geprägt? Worauf bin ich stolz? Woran bin ich in meinem Leben gescheitert?", Schültken 2016, S. 222 f.). Auch Übungen aus der Körpertherapie bieten sich an. Hier lernen die Teilnehmenden zu „fallen", um ihr Vertrauen in sich und andere zu stärken. Werden Rollenspiele eingesetzt, lassen sich Führungskräfte zudem mit ihren etwaigen Ängsten vor Kontrollverlust konfrontieren. Praktisch sieht dies so aus, dass die Führungskraft zwei gespielten Mitarbeitenden gegenübersteht, die bei einem gegenseitigen Arbeitskonflikt die Führungskraft implizit oder explizit auffordern, Lösungen anzubieten. Aufgabe der Führungskraft ist es nun, standhaft zu bleiben, innezuhalten und die Mitarbeitenden in die Lösungserarbeitung zu bringen, statt aktiv zu werden und ins Geschehen einzugreifen. Das Ziel, die Führungskräfte für die Eigenverantwortung ihrer Mitarbeitenden zu sensibilisieren, verfolgen auch Theorieeinheiten während des Seminarblocks zum Thema Bar Camps (auch unter dem Begriff Un-Konferenzen, Mitmach-Konferenzen oder Ad-hoc-Konferenzen bekannt). Bei dieser Art Veranstaltung sind Inhalte und Ablauf des Treffens zu Beginn noch offen; sie werden erst vor Ort von den Teilnehmenden festgelegt (Taepke 2018, ähnlich den „Lean Coffees"). Nutzen Führungskräfte als Ausrichter von Klausuren und Workshops diese Methode, treten sie der allfälligen „Konsumhaltung" in Verwaltungen entgegen und stärken die Eigenverantwortung der Mitarbeiterinnen und Mitarbeiter.

Neben der Fähigkeit zur Introperspektive ist bei digitaler Führung naturgemäß die Kommunikationsfähigkeit besonders wichtig. Gerade Frage- und Feedbackkompetenz spielen eine zentrale Rolle. Sie zeigen sich einerseits in der Fähigkeit, verschiedene Fragetechniken anwenden zu können (offene und geschlossene, hypothetische, zirkuläre und skalierende Fragen. Zur Fragekompetenz siehe Patrzek 2005, S. 91–120). Andererseits werden sie deutlich, wenn die Führungskraft professionell Feedback geben kann, wie es für das intensive „Enabling" ihrer Mitarbeitenden als auch für die „Mini-Mitarbeitergespräche" bzw. „Mini-Zielvereinbarungsgespräche" nötig ist. Beide Kompetenzen setzen eine hohe Sensibilität für die eigene Wortwahl voraus. Für die Motivation des Mitarbeitenden macht es einen Unterschied, ob die Führungskraft die Digitalisierung vertritt mit den Worten „Oh, wir müssen jetzt (leider) digital werden. Das ist ja so von oben gewünscht" oder „Schauen Sie, wie produktiv wir die Digitalisierung für uns und unsere Klientel nutzen können". Oder ob sie in einer Besprechung ihre Mitarbeitenden ermutigt, in ungewöhnliche Richtungen zu denken, mit den Worten „Das klingt sehr interessant. Wir können wir den Faden weiterspinnen?" statt „Wie bitte soll das in der Praxis denn funktionieren?" (Brandes et al. 2014, S. 105).

Hilfreich in diesem Zusammenhang ist auch Methoden-Know-how. Es umfasst z. B. Wissen darüber, wie die Informationsholschuld von Mitarbeitenden gefördert werden kann („Frag automatisch nach Neuigkeiten nach Deinem Urlaub", „Check morgens als erstes wichtige Informationen, die im Intranet veröffentlicht sind") oder wie sich Dienstbesprechungen im Sinne einer aktivierenden Berichtskultur aufziehen lassen. Führungskräfte können z. B. unterschiedliche Dienstbesprechungsformate kennenlernen, wie Meetingmatrix, Jour-fixe-Agenda oder Daily-Stand-Up-Meetings, und ihren Bedürfnissen entsprechend anpassen. Besprechungen werden so effizient und spannend für alle Beteiligten gestaltet (Petry 2016, S. 65 f. sowie Schültken 2016, S. 218–221). Interessant und „ermächtigend" für die Mitarbeitenden sind sicherlich auch Ansätze, die dazu ermutigen, bei regelmäßigen Dienstbesprechungen wechselnde Zeitmanager für 2–3 Wochen zu bestimmen. Sie reglementieren die Besprechungen und stoppen Redner, wenn diese abschweifen. So gelangt nicht nur mehr Dynamik in die Kommunikation. Auch das Teamgefüge belebt sich.

Abgerundet wird eine solche Kompaktreihe durch die Themen „Umgang mit Fehlern" (erzähle deinen Mitarbeitenden von deinen Fehlern, reserviere Zeitanteile in jedem Teamtreffen von 15 Minuten für den Austausch von Fehlern, entdramatisiere das Thema Fehler, auch als (Ober-)Bürgermeister, Verwaltungsvorstand oder Amtsleiter, Schermuly 2019, S. 239) und „Führung unterschiedlicher

Generationen". Informationen zum letzten Thema sind für Führungskräfte sicherlich wertvoll. Sie müssen ihre einzelnen Mitarbeitenden situativ und nach deren Persönlichkeit führen. Gleichzeitig haben sie die Aufgabe, das Gesamtteam in der Summe zusammenzuschweißen. Kein leichtes Unterfangen, wenn ihr Team – je nach Alter und digitaler Affinität des einzelnen Teammitgliedes – von Digital Natives bis Digitale Ignorants reicht und sich die Bedürfnisse der Mitarbeitenden mit zunehmender persönlicher Reife/Alter verändern (freiheitliches Arbeiten und Wertschätzung erhalten mehr Gewicht als Karriere und Entlohnung).

Unabhängig davon, welche Inhalte und Methoden konkret vermittelt werden, der Kernpunkt dieser Schulung ist die Arbeit am eigenen Ich der Führungskräfte. Dies geschieht, indem die Teilnehmerinnen und Teilnehmer ihr Wesen individuell einschätzen, ihre Stärken und Schwächen charakterisieren, die eigene Haltung hinterfragen und die Inhalte des Seminarblocks konkret mit dem erlebten Alltag verknüpfen. Das Seminar soll die Teilnehmenden also überwiegend ins Reflektieren und „Tun" bringen (gerne auch unter Einsatz agiler Methoden), statt nur Theorie zu vermitteln. Dieser Aspekt ist sehr wichtig. Studien belegen, dass der Lernerfolg bei den Teilnehmenden umso geringer ausfällt, je theoretischer und „frontaler" die Seminare sind. Insofern ist auch darüber nachzudenken, die Teilnehmenden nach einem ersten Seminartag in die Praxis zu entlassen, Hausaufgaben mitzugeben und ihre Erfahrungen im zweiten Seminartag berichten („Storytelling") bzw. reflektieren zu lassen (Bühner 1994, S 145; Schermuly 2019, S. 271). Ebenso zweckmäßig erscheint es, das Seminar um individuelle Coachings, moderierte Treffen oder kollegiale Beratungen zu ergänzen, um den einmal eingeschlagenen Weg der Führungskräfte weiter zu stützen, nachhaltig zu machen und ein „Verpuffen" der Seminarwirkung zu vermeiden.

3. Seminar(reihe) „Führung auf Distanz" für Führungskräfte

Das Seminar „Führung auf Distanz" kann als Spezialisierung des Kompaktseminars verstanden werden, das unter 2. vorgestellt wurde. Hier geht es ausschließlich um Fragen, die sich ergeben, wenn die Mitarbeitenden und/oder die Führungskraft örtlich bzw. zeitlich verteilt arbeiten. Die Antworten und Hilfestellungen, die das Angebot bereithält, motivieren besonders diejenigen Führungskräfte, die dem Thema (noch) skeptisch bzw. unsicher gegenüberstehen. Es hilft Vorbehalte zu entkräften und sich gedanklich für das Thema zu erwärmen. Für offene, bereits erfahrene Führungskräfte hält es konkrete Tipps bereit.

Was ist die grundlegende Aussage dieser Schulung? Die Aussage ist, dass mobile Führung sowohl für die Führungskraft als auch für die Mitarbeitenden schwieriger, anstrengender und zeitraubender ist, als die klassische „nine-to-five-Führung" vor Ort. Dies gilt besonders in der Anfangs- und Übergangszeit, bis sich die „neue" Form der Führung bei allen Beteiligten eingespielt hat. Darüber hinaus muss deutlich gemacht werden, dass gegossene, konkrete „Betriebsanleitungen" oder „Kochrezepte" bei mobiler Führung kaum existieren. Zu unterschiedlich sind die denkbaren Führungs- und Mitarbeiterkonstellationen, zu groß die Menge an möglichen Lösungen. Stattdessen lernen Führungskräfte mit gröberen „Richtlinien" zu arbeiten, die sie individuell mit Leben und Ideen füllen. Die innere Haltung der Führungskräfte gewinnt so weiter an Bedeutung. Sie füllt das entstehende Vakuum und wird zu einer Art Kompass, der Führungskräfte (ein Stück weit intuitiv) in die Lage versetzt, situativ zu führen und individuelle Entscheidungen bzw. Lösungen zu finden. Dies bedeutet allerdings nicht, dass Führungskräfte immer „richtig" entscheiden und im Vorfeld alle Eventualitäten im Blick haben. Gerade bei der bislang wenig erprobten mobilen (und agilen) Führung gilt das Trial-und-Error-Prinzip. Die Schulung ist deshalb eine gute Gelegenheit, die Experimentierfreude der Führungskräfte anzusprechen und dafür zu werben, verschiedene Führungsformen und Verfahrensweisen (beispielsweise über einen Zeitraum von sechs Wochen) auszuprobieren, diese anschließend mit dem Team zu besprechen und gemeinsam zu entscheiden, ob sie funktionieren oder ggf. angepasst werden sollten. Ein solches Ausprobieren kann auch darin liegen, die Führung zeitweise an fachlich kompetente Mitglieder des Teams zu übertragen („shared leadership") oder „Agenten" der mobilen Führung im eigenen Team aufzubauen („Buddy-System"). Im letzten Fall suchen sich Führungskräfte Mitarbeitende aus ihrem Team heraus, die dem Thema besonders progressiv gegenüber eingestellt sind und bitten sie, ihre Führung aktiv zu unterstützen und konkrete Ideen zu entwickeln, wie die mobile Arbeit aussehen kann (zum Buddy-System siehe Salicru 2016).

Eine Orientierung, wie diese „Richtlinien" aussehen könnten, bietet die Leuphana Studie der Universität Lüneburg (Remdisch 2005). Ihr zufolge hängt der Erfolg mobiler Führung im Wesentlichen von drei Faktoren ab: Ob es der Führungskraft gelingt, eine vertrauensvolle Atmosphäre für ihre Mitarbeitenden aufzubauen, ob sie wesentliche Informationen liefert und ob sie eine klare Orientierung gibt. Die Themen Vertrauen, Transparenz („Wo bist du heute? Ich bin heute hier. Woran arbeitest du? Ich arbeite hieran") und Kommunikation bilden deshalb festen Bestandteil Teil der Schulung. Dass Führungskräfte diese Einflussgrößen kennen und beachten, ist nicht nur wichtig für die tägliche, mobile Routinearbeit. Auch bei Feedback- oder Spezialgesprächen (wie z. B. ein Trauerfall in der Familie des Mitarbeitenden), die nun über den Kanal Telefon oder ggf. Videokonferenz geführt werden, sind sie wichtig. Anders als im persönlichen Kontakt entgehen der Führungskraft gerade am Telefon sämtliche mimischen und gestischen Eindrücke. Bei Videokonferenzen steht sie zumindest in Teilen vor dem gleichen Problem. Die

Führungskraft kann diesen Mangel nur durch intensivere Fragen kompensieren. Auf diese Weise registriert sie auch schwache Signale, die letztlich für die Qualität der Beziehung bestimmend sind. Die Nutzung nicht-visueller Sinneskanäle, insbesondere die Wahrnehmung über das Ohr („Einhörvermögen"), sollte deshalb mit Hilfe simulierter Telefonate oder Videokonferenzen im Seminar konkret geübt werden. Gleichzeitig ist über die Grenzen mobiler Kommunikation zu sprechen. Informationen können sicherlich ohne Bedenken per Mail oder Telefon weitergegeben werden, Konflikte, persönliche und vertrauliche Themen erfordern hingegen das einfühlsame face-to-face-Gespräch. Darüber hinaus muss klar werden, dass regelmäßige, persönliche Kontakte von Führungskräften und Mitarbeitenden untereinander für den informellen Austausch und die Kreativität des Teams notwendig sind. Auch wenn sie nur kurz sind, federn sie zudem die Gefahr ab, dass der Ton von Emails, einmal falsch interpretiert, zu paranoiden Fantasien bei den Beteiligten führt und Unstimmigkeiten unter ihnen heraufbeschwört.

Neben der Kommunikation taucht im Seminar das Thema „Zielorientierung statt Kontrollkultur" auf. Es sollte die Frage diskutiert (und von jeder Führungskraft für sich beantwortet) werden, wie die Zielorientierung im eigenen Team aussehen kann. Auch bei regelmäßiger, nicht projektmäßiger Arbeit ist es möglich, Ziele mit dem Team zu erarbeiten und diese herunter zu brechen. In diesem Zusammenhang kann zudem für eine „Berichtskultur" geworben werden. Führungskräfte sollten ihren Mitarbeitenden beibringen, dass sie regelmäßig (und unaufgefordert) berichten, was aktuell bei ihnen läuft. Diese Art der Führung ist für die Verwaltung ziemlich ungewohnt. Insofern ist es sinnvoll, dass sich die Teilnehmenden eigene Unsicherheiten und Vorbehalte ihr gegenüber genauer anzuschauen, sofern welche vorhanden sind. Ziel ist auch hier der Aufbau von Vertrauen („Ich gebe grundsätzlich einen Vertrauensvorschuss. Mein Mitarbeitender kann dieses Vertrauen „nur" verspielen").

Den Abschluss des Seminars bilden konkrete Hilfestellungen für den mobilen Alltag. Dies können Empfehlungen sein, wie sich strukturierte Informationsaustausche sicherstellen lassen (durch effiziente Durchführung von Dienstbesprechungen, u. a. durch Einführung von Agendas, Dokumentation von Zielen, Aufgaben und Vereinbarungen etc.) oder Hinweise auf Formen der gemeinsamen Arbeitsorganisation (z. B. Installation gemeinsamer Laufwerke, Nutzung (digitaler) Kanban-Boarde, Kommunikation in einem gemeinsamen Zeitfenster, in dem alle online sind), Technik- und Medienveranschaulichung („So funktioniert konkret eine Videokonferenz"), Hinweise zur Selbstorganisation, Burn-Out-Prävention, Arbeitssicherheit und Selbstfürsorge (Haltung, Licht, Augen) sowie Ideen zum Aufbau einer gemeinsamen Teamkultur. Örtlich verteilte Arbeit hat die Tendenz, die Teammitglieder auseinanderdriften zu lassen; geringere Kollegialität und weniger Un-

terstützung bei z. B. krankheitsbedingten Ausfällen können die Folge sein, wenn dieser Aspekt nicht ausreichend Beachtung findet.
Die folgende Übersicht verdeutlicht mögliche Bestandteile der Schulung:

	Themen Seminar(reihe) „Führen auf Distanz"
1	Formen und Herausforderungen von mobiler Führung
2	Aufbau von Vertrauen und Teamzusammenschluss
	• Umgang mit der eigenen Unsicherheit, Vertrauensvorschuss
	• Regelmäßige Face-to-face-Treffen und gemeinsame Aktivitäten
	• Stärken annehmen, Schwächen verstehen, Freiräume gewähren
	• Offenheit für die Ansprache von Fehlern fördern
	• Menschen feiern (und nicht nur ihre Erfolge)
	• Fehler und Erkenntnisse teilen
3	Sensible Wahrnehmung und Kommunikation
	• Zwischentöne und Verhaltensänderungen bei Mitarbeitenden wahrnehmen
	• Regelmäßiges Feedback einholen und nach dem Befinden fragen
	• Emails auf Reizwörter checken
	• Rückfragen stellen
	• Anlassbezogener Einsatz von Medien
4	Strukturierten Informationsaustausch sicherstellen
	• Feste, verbindliche Kommunikationszeiten schaffen
	• Effiziente Besprechungen durch Strukturelemente schaffen
	• Dokumentation von Besprechungen, Ergebnissen, Zielen, Aufgaben
	• Zu Rückfragen ermutigen
5	Gemeinsame Ziele entwickeln
	• Smarte Ziele
	• Mini-Zielvereinbarungsgespräche
6	Arbeitsorganisation
	• Gemeinsame Datenbanken
	• Nutzung von digitalen Kanban-Borden
	• Gemeinsame Kommunikationsfenster
7	Technik- und Medienkompetenz
	• Weiterleitung von Telefonen
	• Umgang mit Videokonferenzen
8	Selbstorganisation und Burn-Out-Prävention
	• Wahrnehmen, Abstand finden, Aufmerksamkeit auf Positives richten
	• Pausenverhalten und Atemübungen
	• Selbstorganisation und Zeitmanagement im Home-Office
	• Burn-Out-Frühsignale erkennen
9	Selbstfürsorge
	• Körperliche Haltung
	• Licht
	• Augen
10	Rechtliche Aspekte
	• Unfallschutz im Home-Office

Abschließend sei gesagt, dass auch in diesem Seminar gerade für das Thema Vertrauen die Introperspektive der Führungskräfte Raum benötigt. Durch konkretes Arbeiten und Erfahren der eigenen Verhaltensweisen, gerne auch wieder mit agilen Methoden, wird es lebendig.

4. Einzel- und Gruppencoaching für Führungskräfte

Neben Seminaren können Verwaltungen Einzel- oder Gruppencoachings für Führungskräfte anbieten. Dabei ist zu überlegen, ob es ein rein freiwilliges Angebot ist, dass auf Nachfrage genehmigt wird, oder ob auch verordnete Coachings stattfinden, nach entsprechenden Anträgen bzw. Gesprächen mit den Vorgesetzten der Führungskraft. Weiterhin muss darüber nachgedacht werden, ob es sich auf Einzelfälle reduziert oder großflächig für die Gesamtheit der Führungskräfte gelten soll (beispielsweise nach einer Mitarbeiterbefragung zum Führungsverhalten). Der minimalste und sinnvolle Ansatz ist hier sicherlich, zeitlich begrenzte Coachings zu ermöglichen, wenn Führungskräfte den Wunsch danach äußern und der Finanzhaushalt diese Maßnahme zulässt. Coachings sollen die Gecoachten dazu befähigen „mit neuen Situationen, mit unbekannten Problemen oder einfach mit persönlichen Anliegen in einer für ihn zufrieden stellenden Weise umzugehen" (Böning 2005, S. 23). Sie sind sehr intensiv und arbeiten individuell an der Entwicklung der Persönlichkeit und des Problemlösungspotenzials. Damit sind sie ein sehr geeignetes, wenn auch kostenintensives Instrument, Führungskräfte bei der Umstellung auf die digitalisierte Kommune zu unterstützen (So belaufen sich die durchschnittlichen Coachingkosten laut Schermuly über 1500 Euro pro Person, Schermuly (2019), S. 262). Wird darüber nachgedacht, den Führungskräften diese Unterstützung über einen längeren Zeitraum, mit größeren zeitlichen Abständen zwischen den Terminen zuzugestehen und den Auftrag eher als unterstützend-begleitende, allgemein-persönlichkeitsentwickelnde Maßnahme zu verstehen, verändert sich das Coaching tendenziell zur Einzel- bzw. Gruppensupervision (zu einem Beispiel siehe Von Ameln und Kramer 2007, S. 257).

5. Support-Teams für Führungskräfte

Hilfreich für den Digitalisierungsprozess sind „Komplizenschaften". Um in den Erfahrungsaustausch zu gehen und Anregungen für die eigene mobile Führung zu bekommen, suchen sich Führungskräfte bei diesem Format eigenverantwortlich ein oder zwei andere Führungskräfte, die ähnlich wie sie (mobil) führen und in guten Einvernehmen mit ihren Teams sind. Sie diskutieren miteinander, probieren unterschiedliche Methoden und Werkzeuge aus und gehen darüber im Anschluss wieder in den Austausch. Die Inhalte können von der Digitalisierung einzelner

Prozesse im Amt bis zu Fragen der mobilen Führung reichen. Support-Teams äh-
neln damit einem speziellen „Buddy-System" unter Führungskräften. Weiter gedacht wirken auch die Vernetzung und der Austausch mit anderen Führungskräften
auf Konferenzen, externen Veranstaltungen ähnlich entlastend und innovationsför-
derlich auf die Führungskräfte (Interview 3).

6. **Werkstatt digital-mobile Arbeit für Führungskräfte und Mitarbeitende**

Um Führungskräfte und Mitarbeitende zum Thema Digitalisierung bzw. mobile Arbeit in Kontakt zu bringen und den Erfahrungsaustausch im Haus zu fördern, sind
auch Werkstätten sinnvoll. Sie können beispielsweise zweimal im Jahr über drei
Stunden angeboten werden und beginnen in der Regel mit einem halbstündigen Im-
pulsvortrag durch einen internen oder externen Referenten. Im Anschluss daran gehen die Teilnehmenden in die gemeinsame Diskussion und Arbeit am Thema. Dabei
reichen die Methoden von Großgruppenmethoden wie World Café über Stellwand-
verfahren und körpertherapeutische Ansätze, Soziodrama oder agile Methoden. Ihnen sind keine Grenzen gesetzt, solange sie kompetent ausgeführt werden und den
inneren-äußeren Austausch fördern. Die Teilnahme an den Werkstätten ist freiwillig.

7. **Kollegiale Beratungsgruppen für Führungskräfte, Mitarbeitende und Auszubildende mit mobilen Arbeitsplätzen**

Bei der kollegialen Beratung gehen Kolleginnen und Kollegen aus ähnlichen Hier-
archiestufen wechselseitig nach einer fest definierten Methode in den Austausch. Da
sie selbstorganisierend sind und bis auf eine Einführungsveranstaltung ohne externe
Moderation auskommen, sind kollegiale Beratungen relativ preisgünstig. Sie bilden
eine sinnvolle und in vielen Verwaltungen bereits etablierte Methode, um die Mitarbeitenden großflächig zu bestimmten Themen in Kontakt zu bringen (zu kollegialer Beratung siehe Schermuly 2019, S. 263). Alternativ sind Peer Groups denkbar,
die mit Hilfe einer (externen) Moderation arbeiten. Mit ihnen wird ebenfalls das
Ziel verfolgt, gleichgesinnte Teilnehmende konstruktiv und zielführend in den Austausch zu bringen.

8. **Seminar „Ambiguitätstoleranz stärken" für Führungskräfte, Mitarbeitende und Auszubildende**

Das VUCA-Zeitalter zeichnet sich gesellschaftlich wie beruflich durch hohe Geschwindigkeit, Komplexität und Volatilität aus. Alles ist möglich, sogar das Gegenteil; gleich darauf ist es wieder anders. Ungewisse und unstrukturierte Situationen

im Arbeitsalltag, gepaart mit mehrdeutigen Informationen bzw. mehrdeutigen Erwartungen an die eigene Rolle nehmen zu. Aus den unterschiedlichen „Ecken" der Verwaltungen und deren Umfeld kommen widersprüchliche, teils unberechenbare Informationen, Aufgaben und Ziele auf die Führungskräfte und ihre Mitarbeitenden zu („Spare, aber gib aus!", „verändere, aber lass alles beim Alten!"). Je mehrdeutiger sich die Arbeit entwickelt, desto eher wird sie als Überforderung, ja Bedrohung erlebt; zumindest wird sie mit Unbehagen wahrgenommen. Äußerer Ausdruck dieser Empfindung sind reflexartige Empörung, Ärger oder Stress der Betroffenen sowie „aus der Hüfte geschossene", simple Einordnungen von „entweder-oder", „gut-schlecht" und „schwarz-weiß" (Scheller 2017, S. 20 f. sowie Koob 2015). Die Kunst, mit „Ambiguität" (Ambivalenz oder Mehrdeutigkeit) umzugehen, ist nicht nur eine Herausforderung für Führungskräfte. Das Phänomen ist künftig auch in wachsendem Maße von den Mitarbeitenden an der Basis zu (er) tragen. Selbst gute Führung kann sie vor dieser Entwicklung nicht bewahren. Ein Seminar „Ambiguitätstoleranz stärken" kann Führungskräften, Mitarbeitenden und Auszubildenden hier Entlastung bieten. Es beschreibt ihnen die „Normalität" dieses Phänomens und hilft Widersprüchlichkeiten oder mehrdeutige Informationen, die im ersten Moment als inakzeptabel erscheinen, nicht negativ, sondern womöglich von vornherein positiv zu bewerten. Oder es legt ihnen nahe, diese Entwicklung bewusst zu erkennen, ohne sie abzuwehren und stattdessen Lösungen zu entwickeln, wie sie damit für sich umgehen können.

9. **Gesundheitsorientierte Angebote für Führungskräfte, Mitarbeitende und Auszubildende**

Das Betriebliche Gesundheitsmanagement (BGM) hat in Verwaltungen mittlerweile seinen festen Platz. Oftmals arbeitet es eng mit der Personalentwicklung zusammen oder bildet einen festen Bestandteil von ihr. Da die Digitalisierung durch Schnelligkeit, Komplexität, Volatilität, permanente Erreichbarkeit und mobiles Arbeiten Gesundheitsrisiken mit sich bringt, ist es wichtig, für diese zu sensibilisieren und hierzu verschiedene Veranstaltungen anzubieten.

So ist es sinnvoll, Seminare oder Vorträge zum Thema „Gesundes Arbeiten in digitalen Zeiten" ins Gesundheitsprogramm aufzunehmen, wo schwerpunktmäßig für die physischen Aspekte der Digitalisierung sensibilisiert wird, wie gesundes Sitzen bei mobilem Arbeiten (Sitzsäcke z. B. sind für langes Arbeiten am Tablett nicht geeignet) oder ausreichende Lichtverhältnisse und gesundes Sehen bei permanenter Arbeit an Bildschirmen von PCs, Smartphones und Tablets. Ergänzt werden könnte ein solches Angebot mit einer offenen Sprechstunde eines Physiotherapeuten. Hier haben die Mitarbeitenden mehrfach im Jahr die Möglichkeit, sich über Haltungs- und Sitzmöglichkeiten zu informieren. Dieses Modell praktiziert beispielsweise die Stadt Gouda in den Niederlanden. Um orthopädischen Erkrankungen vorzubeugen, ist es zudem überlegenswert, höhenverstellbare Schreibtische anzubieten. Die Beschäftigten erhalten sie präventiv und auf eigenen Wunsch, inklusive einer kurzen Einführung über die Nutzung dieser Tische, um sicherzustellen, dass die Tische tatsächlich wie vorgesehen von den Mitarbeitenden eingesetzt werden.

Zentral im Rahmen des BGMs dürfte auch das Thema „Selbstorganisation" sein. Hier wird der Frage nachgegangen, wie Menschen sich und ihre (digitale und verdichtete) Arbeit besser und psychisch entlastender organisieren. Gerade spezielle Apps auf Smartphones und Tablets sind dabei eine wertvolle Hilfe, indem sie beispielsweise das Anlegen von to-do-Listen ermöglichen („Ordnung entlastet"). Gleichzeitig können entsprechende Schulungsangebote für grundlegende Prinzipien der Selbstorganisation werben. Hierzu gehört es z. B., die anstehenden Aufgaben schriftlich festzuhalten, sich selbst regelmäßig und einfach zu organisieren, die nötigen Organisationswerkzeuge passgenau auszusuchen („Nutze den Organizer nur, wenn er zu deinen eigenen Vorlieben passt") und neue Methoden systematisch einzutrainieren (Senftleben 2014). Das Thema Selbstorganisation spielt insofern in ein weiteres Schulungsangebot hinein, die „Bewältigung von digitalem Stress". Hier lernen die Teilnehmerinnen und Teilnehmer vor allem, wie sie mit der Überforderung umgehen können, die sich möglicherweise durch die neue Technik und der damit verbundenen Informationsflut bzw. -schnelligkeit einstellt. Dabei ist davon auszugehen, dass unter den Teilnehmenden auch die Frage aufkommt, ob die Tiefe der Informationsverarbeitung mittelfristig nicht zugunsten der Mengenverarbeitung aufgegeben werden muss. Gerade ältere Mitarbeiterinnen und Mitarbeiter der Verwaltung haben erfahrungsgemäß den Anspruch an sich, Anfragen und Aufgaben in aller Ausführlichkeit und mit Sorgfalt zu bearbeiten. Mit plötzlichen Projekten und ungeplanten Aufgaben konfrontiert können sie diesen Anspruch nicht länger halten. Andernfalls droht die Arbeit in eine Überbelastung und damit langfristig in eine Erkrankung auszuufern. Idealerweise erhalten die Teilnehmenden im Seminar deshalb nicht nur Tipps, wie sie sich künftig effizient organisieren. Sie üben sich auch darin, andere Erwartungen an sich und ihre Arbeit zu stellen („weniger Perfektionismus – die Kunst loszulassen"). Damit sich die Anwesenden auf das Thema überhaupt einlassen können, ist es wichtig, dass die neue Herangehensweise vom Verwaltungsvorstand vorgelebt und explizit im Haus kommuniziert wird. Erst dann „verkommt" diese Maxime nicht zu einem Seminardetail, sondern wird nachhaltig und glaubhaft. Typische Appelle des Verwaltungsvorstandes wären hier „Mut zur Lücke", „Querlesen", „Einrichtung von Sammelpostfächern", und

„Keine großen Verteiler" sowie – entliehen aus der nachhaltigen Unternehmens-
führung – „Minimalismus" und „Suffzienz – das richtige Maß". Setzen sich die
Teilnehmenden zudem mit der Vermischung von Privatleben und Beruf im Home-
Office bzw. in der Telearbeit auseinander, findet das Seminar einen gelungenen
Abschluss. Dies gilt umso mehr, wenn unter den Anwesenden Personen mit zu
betreuenden Kindern und Angehörigen sind (Arbeiten, Kind abholen, wieder Arbeiten). Wie stark ist die Vermischung? Wie lassen sich diese verschiedenen Ansprüche organisieren? Welche Auswirkungen hat es auf das eigene Denken und
Verhalten? Was ist zu beachten, damit der sichere Hafen Zuhause nicht mental „ge-
plündert" oder „belastet" wird? Welche Belastungen muten sich gerade Frauen zu?

Ein anderer Weg, das Thema Stressprävention aufzugreifen, findet sich im
Seminar „Achtsamkeit im Umgang mit Digitalisierung". Gerade wenn die Arbeit sehr dicht und schnell wird, spulen Menschen ihre Gewohnheiten und ein-
gespielten Handlungsmuster automatisch ab („Autopilot"). Bei Stress entsteht
ein Tunnelblick (Hansch 2006, S. 83). Menschen arbeiten und fühlen sich wie
im Hamsterrad, was sich in einer gefühlten Beschleunigung der Zeit („Die Wo-
che ist schon wieder um?") als auch in einem Gefühl von Entfremdung, unter
Umständen sogar Sinnlosigkeit niederschlagen kann. Das genaue Gegenteil
hiervon ist die Achtsamkeit im alltäglichen Leben. Hierbei geht es darum, möglichst oft bewusst und vor allem ohne Wertung wahrzunehmen, was innerlich
und äußerlich passiert. Achtsame Menschen beobachten den eigenen Körper,
nehmen Gedanken und Impulse wahr und betrachten aufmerksam ihre eigenen
Handlungen. Sie erschaffen auf diese Weise Unterbrechungen, Pausen und sich
selbst die Möglichkeit, ihren nächsten Handlungsschritt bewusster zu wählen.
Die Folge dieses zu trainierenden Verhaltens sind eine höhere Entspannung und
Ausgeglichenheit, mehr Fokussierung und höhere Produktivität (Senftleben
2018; Kabat-Zinn 2008, S. 17–20), gerade auch in digitalen Zeiten. Alltagstätig-
keiten können nicht nur eine pragmatische, sondern auch eine ästhetische Seite
entwickeln, sodass Menschen scheinbar lästige und wiederkehrende Tätigkeiten
sogar genießen können (Hansch 2006, S. 78–81). In eine ähnliche Richtung können auch körperorientierte Schulungen arbeiten, die ihre Methoden aus der bio-
energetischen Analyse, der Atemtherapie oder dem autogenen Training beziehen (zu körperorientierten Methoden vgl. Müller-Braunschweig und Stiller
(2010) sowie Marlock und Weiss (2006). Auch Meditationen können einen Zu-
stand der „entspannten Offenheit" begünstigen und Stressspannungen abbauen
(Hansch 2006, S. 85 f.).

Spinnt man diesen Gedanken weiter und geht über das Erlernen von Achtsamkeit oder autogenem Training in Seminaren hinaus, lässt sich über die Einrichtung
von Reflexionsräumen im Arbeitsalltag nachdenken. Solche Reflexionsräume können z. B. darin liegen, dass die Mitarbeitenden täglich 30 Minuten meditieren

(„meditative Pause") oder „Achtsamkeitstage" eingeführt werden, etwa vier Mal pro Jahr, bei der die Mitarbeitenden möglichst schweigen oder flüstern (Laloux 2016, S. 98–101). Auch „mediales Fasten", bewusst über einen Zeitraum von einigen Stunden oder – eher kirchlich geprägt – über die Fastenzeit, kann entlastende Wirkungen zeigen, „entwöhnen" und Raum für Achtsamkeit schaffen.

10. Netiquette

In die gleiche Richtung wie gesundheitsorientierte Angebote zielt eine Netiquette. Hinter diesem Begriff verbirgt sich nichts anderes als eine Leitlinie zum Umgang mit der Informationsflut. Nach Absprache mit dem Verwaltungsvorstand und dem Digitalisierungsteam wird sie im Haus veröffentlicht, ausgedruckt und großflächig aufgehängt. Oder sie wird über andere Kanäle der breiten Mitarbeiterschaft immer wieder ins Bewusstsein gerufen, wie über das Intranet oder über Push-Up-Nachrichten. Selbst wenn sie von den Führungskräften und Mitarbeitenden des Hauses nicht sofort und durchgängig beachtet wird, spricht sie sich herum. Damit wirkt sie wie ein „culture hack". Je mehr über sie gesprochen und sie beachtet wird, desto größer ist der kanalisierende, und damit entlastende Effekt. Eine solche Netiquette könnte z. B. folgende Inhalte aufweisen:

„Sei achtsam mit der Zeit":

- Wir arbeiten von 6–20 Uhr
- Wir checken morgens als erstes das Intranet bezüglich wichtiger Informationen
- Urlaub ist Urlaub und Pause ist Pause
- Wir konzentrieren uns auf das, was wir gerade tun
- Querlesen ist erlaubt und erwünscht
- Wir lesen keine Nachrichten auf unseren Smartphones und Tablets „während Besprechungen und Fortbildungen"
- Wir suchen den persönlichen Kontakt so oft wie möglich
- Wir überlegen bei jeder Mail, ob sie nötig ist
- Wir haben bis zu 24 Stunden Zeit, auf E-Mails zu reagieren
- Wir checken viermal am Tag die Mails und arbeiten dazwischen ruhig an unseren Themen
- Wir stellen bei Mails aussagefähige Titel in unseren Betreffs
- Wir verändern ggf. den Titel der Betreffzeile, bevor wir Mails ablegen
- Wir richten unsere Mails im Adressfeld nur an diejenigen, die damit weiterarbeiten
- Wir setzen diejenigen in Kopie, die nur informiert werden sollen
- Wir vermeiden „bc"

- Wir schreiben kurze Mails
- Wir benutzen Punkt und Komma
- Wir verwenden eine saubere, deutsche, adressatengerechte Sprache
- Wir setzen die E-Mail-Prioritäten situationsgerecht
- Wenn wir uns ärgern, schicken wir eine geplante Mail erst am nächsten Tag ab
- Ärger-Mails packen wir weg, um sie aus dem Blickfeld zu entfernen
- Wir versehen die Papierkorbfunktion mit einem positiven Ton

11. Digitaler Führerschein für Führungskräfte, Mitarbeitende und Auszubildende

In dieser regelmäßig anzubietenden Veranstaltung wird eine Übersicht verschafft, wie mit der vorhandenen IT, den sozialen und digitalen Medien bzw. Endgeräten umzugehen ist. Wichtig dabei ist es sicherzustellen, dass sich alle Teilnehmenden am Ende der Schulung fit fühlen, mit der neuen Technik umzugehen und damit Ängste vor der „bedrohenden" Digitalisierung genommen werden können.

12. Schulung von digitalen Lotsen

Sollen digitale Lotsen zum Einsatz kommen, müssen diese nicht nur abgestellt oder ausgewählt werden. Sie sollten auch geschult werden. Hier kann man überlegen, ihnen eine grundlegende Einführung in verschiedene Aspekte der IT und der digitalen Technik zu geben (Big Data, Sicherheitsfragen, Smart City), ethische Fragen zu diskutieren sowie Handwerkzeuge in Bezug auf (agiles) Projektmanagement zu vermitteln. Agile Lösungsmethoden können ihnen sicherlich dabei helfen, aufkommende Hürden bei den Projekten zu überwinden und gleichzeitig ein Signal Richtung Agilität zu geben. Damit sich die verschiedenen digitalen Lotsen untereinander gut kennenlernen, ergänzen und entlasten können (2 + 2 = 5), ist zudem überlegenswert, die Schulung im Block durchzuführen und dabei auch den Austausch mit digitalen Lotsen anderer Verwaltungen und Unternehmen zu ermöglichen. Nach der Erstschulung ist es gleichzeitig wichtig, die digitalen Lotsen weiter „am Laufen zu halten", indem sie sich regelmäßig vernetzen und in der Gruppe über ihre Projekte beim CDO und dem Digitalisierungsteam berichten; sie benötigen die Anbindung an die Digitalisierungsverantwortlichen und das Gesamtdigitalisierungsprojekt, sodass sich unter Umständen auch die Einrichtung einer Koordinierungsstelle lohnt, welche die Termine und Aktivitäten managt. In die gleiche Richtung zielt auch der Gedanke, die digitalen Lotsen nach Abschluss ihrer Schulung eine kollegiale Beratungsgruppe bilden zu lassen und sie regelmäßig als Gruppe an weiteren, kurzen Schulungen teilnehmen zu lassen.

13. Ausbildung von Kulturarchitekten

Analog zu den digitalen Lotsen können Kulturarchitekten gewonnen und geschult werden. Dabei ist es sinnvoll, sie aus allen Diensten der Verwaltung zu gewinnen, um Veränderungen an den verschiedensten und unterschiedlichsten Stellen zu ermöglichen. In einer solchen Ausbildung könnten die „Lust zur Neugier" sowie agile Methoden inklusive der „Hacks" vermittelt werden, die von den Kulturarchitekten anschließend in ihrer täglichen Arbeit eingesetzt werden, um Veränderungen in der Kultur herbeizuführen.

14. (Agiles) Projektmanagement für Führungskräfte und Mitarbeitende

Nicht nur digitale Lotsen benötigen Projektmanagementkompetenz. Auch Führungskräfte und Mitarbeitende, die an der Umstellung auf die digitale Kommune maßgeblich und in ihren Diensten beteiligt sind, bedürfen eines entsprechenden Handwerkzeugs, vor allem im klassischen Projektmanagement. Diesbezügliche Schulungen beinhalten also die wichtigsten Methoden des Projektmanagements, um sicherzustellen, dass Digitalisierungsprojekte von Anfang an professionell auf den Weg gebracht werden können. Sie vereinen „klassische" Themen, wie die Festlegung von Zielsystemen, dem Erlernen von Projektorganisation, -planung, -steuerung, -abschluss und -kommunikation sowie Tools für die Detailplanung. In Zeiten agilen Managements ist es zudem sinnvoll, die Schulungen um agile Projektmanagementkenntnisse zu erweitern und Methoden wie z. B. das bereits beschriebene Scrum, Kanban (eine agile Form des Aufgabenmanagements und gerade für Kontrollkulturen wie Verwaltungen gut geeignet, Scheller 2017, S. 365) sowie Design Thinking (eine mehrstufige Methode zur Produktentwicklung in interdisziplinären, kleinen Teams mit Fokus auf den Kundenbedarf und möglichst großer Unvoreingenommenheit) ebenfalls vorzustellen (zu Kanban und Design Thinking siehe Brandes et al. 2014, S. 56–58 und S. 93–94).

15. Digitale Produkte im Bereich der Fortbildung und des Gesundheitsprogramms

In digitalen Zeiten ist es nicht nur sinnvoll, den Umgang mit Digitalität (theoretisch) zu üben. Es ist auch empfehlenswert, digitale Produkte beim Lernen gezielt zum Einsatz zu bringen, wie es unter dem Begriff „E-Learning" beschrieben wird. Vom E-Learning abzugrenzen ist das „Blended Learning", das Präsenzveranstaltungen mit E-Learning kombiniert, um Wissen und Kompetenzen selbstgesteuert zu entwickeln (Schermuly 2019, S. 262). Im Verwaltungskontext bieten beispielsweise kommunale Rechenzentren Videokurse oder auch Blended-Learning-Kurse an (teils in Zusammenarbeit mit den lokalen Studieninstituten), indem sie Lernplattformen für die Online-Lernphasen schaffen, auf denen sich Foren bilden, Projekte durchgeführt oder die gesamte Studiendokumentation gespeichert werden können (Siehe die Seiten des KRZN).

Personalentwicklungen ist allerdings zu empfehlen, genau abzuwägen, für welche Themen sie die verschiedenen digitalen Produkte zum Einsatz kommen lassen möchten. So sind Videokurse oder elektronisch unterstützte, interaktive Programme sehr gut geeignet für kurze (maximal 90 Minuten dauernde), theoretische Fachinputs, z. B. zu Rechtsthemen, zum Thema Kommunikation oder als Anleitungen bei PC-Fragen. Spannend aufgemachte, qualitativ hochwertige Kurzvideos über 20–30 Minuten peppen Seminare zudem in ihrer Wertigkeit auf oder eignen sich – auch in längerer Form – gut für ein individuelles Selbststudium (unter der Voraussetzung, dass der Lernende hierfür ausreichend Raum und Zeit von seinen Vorgesetzten erhält und nicht durch Anrufe, Termine, Besuche etc. abgelenkt ist. Die Kurzvideos werden deshalb idealerweise nicht am eigenen Arbeitsplatz, sondern in Besprechungsräumen oder im Home Office angeschaut). Interaktive Online-Coachings sind heute bereits gängig. Und auch für die Vor- bzw. Nachbereitung von Seminaren, als Einstieg ins Onboarding (Einarbeitungsmanagement) oder als Übergangslösung bieten sich digitale Produkte an, sofern sie leicht zugänglich, inhaltlich gut aufbereitet, optisch ansprechend und möglicherweise noch interaktiv sind. In diesem Fall sparen sie Zeit, Kraft, sind einfach und wegen der entfallenden An- und Abfahren auch emissionsreduziert. Gerade Persönlichkeitsseminare leben jedoch von der face-to-face-Interaktion mit dem Dozenten und der – nicht zu unterschätzenden – Dynamik der Teilnehmenden untereinander. Dadurch, dass sie nicht wie bei Videokursen standardisiert aufbereitet sind, geben sie dem Dozenten zudem die Möglichkeit, ad-hoc auf die Fragen bzw. Bedürfnisse der Teilnehmenden einzugehen und damit individuell am Einzelnen zu arbeiten. Bei rechtlich verpflichtenden Veranstaltungen (z. B. Unterweisungen zum Thema Arbeitsschutz) sind zudem die Haftungsrisiken zu prüfen, selbst wenn die „Teilnahme" am E-Learning-Kurs durch eine Unterschrift entsprechend dokumentiert wird. Solange die technischen Möglichkeiten („Holo-Deck") nicht deutlich entwickelter sind, empfiehlt sich deshalb, genau zu prüfen, welche Seminare nach wie vor klassisch vor Ort und im persönlichen Austausch (also „analog") erfolgen sollten (und nebenbei auch gemeinschaftsförderlich sind). Digitale Produkte sollten in jedem Fall als bereichernde Unterstützung bzw. Ergänzung genutzt werden.

Neben den Fortbildungsprogrammen bietet das Betriebliche Gesundheitsmanagement vielfältige Gelegenheiten, Werbung für die E-Learning-Produkte zu machen. Erhalten Beschäftigte digitale Angebote zur Gesundheitsförderung, wird ihnen nicht nur ein positives Signal Richtung moderne Verwaltung vermittelt. Durch die eigentliche Nutzung der Angebote lassen sich auch vorhandene Hemmschwellen und Vorbehalte abschmelzen. Digitale Produkte sind in großen Maß am externen Markt zu finden. Sie reichen vom gesunden Arbeits- und Lebensstil über Bewegung, gesundem Sitzen, Ernährung, Entspannung und Suchtprävention bis hin zur Stressprävention oder Online-Fitness-Kursen. Besonders großflächige Angebote setzen ein digitales Zeichen, wie z. B. Schrittzähleraktionen, Aktionstage Gesundheit mit digitalen „Events" oder digitale Aktionen wie „Mit dem Rad zur Arbeit". Hier können die Mitarbeitenden Apps und Geräte ausprobieren und so ihre Scheu vor Technik ein Stück ablegen. Sind die Aktionen gruppenorientiert, werden im gleichen Zug der Teamgeist und die Identifikation mit der Verwaltung gestärkt, was gerade in digitalen Zeiten besonders wichtig ist.

4.2.9 Baustein 9: Handbuch mobile Führung

Ein Handbuch für mobile Führung ist eine sinnvolle Unterstützung für alle Führungskräfte, die selbst mobil arbeiten und/oder für mobil arbeitende Mitarbeiterinnen und Mitarbeiter verantwortlich sind. Es kann gedruckt und in digitaler Form erscheinen und vor allem das Seminarangebot „Führen auf Distanz" ergänzen. Auf diese Weise entsteht eine einheitliche Informationsgrundlage für alle Führungskräfte, die sich auch zum Nachlesen und Nachschlagen eignet.
Mögliche Inhalte eines solchen Handbuchs sind:

1. Die Rolle der Führungskraft in der digitalisierten Verwaltung
2. Ziele und Formen mobiler Arbeit
3. Erfolgsfaktoren für mobile Führung nach der Leuphana Studie
4. Hilfestellung für den Teamzusammenhalt
   - Aufstellen von Regeln
   - Aufbau von Vertrauen
   - Biographie-Blogs
   - Gemeinsame Aktivitäten
   - Strategietreffen
5. Hilfestellungen für die Führung über Ziele
   - Entwicklung gemeinsamer Ziele
   - Mini-Ziel-Erreichungsgespräche

6. Hilfestellungen zur Kommunikation
   - Aktive, sensible und mediengerechte Kommunikation
   - Fragetechniken
   - Mini-Feedback-Gespräche
7. Hilfestellung für den strukturierten Informationsaustausch
   - Feste Kommunikationszeiten
   - Einrichten persönlicher Sprechzeiten vor Ort
   - Dienstbesprechungs-Vorlagen
   - Dienstbesprechungs-Tools
     - Jour-Fixe-Agenda
     - Einfache Analysetools
     - Daily Stand-Up-Meetings
     - Meetingmatrix
   - Ergebnisdokumentation
   - Regeln für die Benutzung von Whatsapp-Gruppen, falls erlaubt
   - Rufumleitungen
8. Hilfestellungen zur Organisation
   - Gemeinsames Laufwerk
   - Urlaubsplaner
   - Gemeinsame To-Do-Listen – Kanban-Board
   - Antragsformular für mobile Arbeit
   - Checkliste zur Genehmigung mobilen Arbeitens
   - Entscheidungshilfe zur Regelung des mobilen Arbeitens im Team
9. Gesundheitsförderung bei mobiler Arbeit
   - Physische Faktoren
   - Psychische Faktoren
10. Grenzen mobilen Arbeitens
    - Rückzugszeiten
    - Ausschalten von Endgeräten
    - Hinweise zur Selbstorganisation
      - Rufumschaltung und Anrufbeantworter
      - Intervallcheck von Emails
      - Festlegung von Prioritäten
11. Allgemeine Hinweise
    - Sicherstellung des Dienstgeschehens
    - Sicherstellung der Ausbildungsfunktion
    - Datenschutz

12. Hinweise zum Umgang mit schwierigen Mitarbeitenden
13. Ansprechpartner bei Fragen und Schwierigkeiten sowie Fortbildungsangebote
14. Dienstvereinbarung mobile Arbeit, sofern vorhanden
15. Dienstvereinbarung zur Vereinbarkeit von Beruf und Familie, sofern vorhanden

Bei Bedarf kann diese Handbuch ein Stück variiert und auch den Mitarbeitenden zur Verfügung gestellt werden („**Handbuch für mobile Führung für Mitarbeiterinnen und Mitarbeiter**"). Diese können sich vor ihrem Antrag auf mobile Arbeit mit dem Thema auseinandersetzen, indem sie z. B. die Checkliste für die Genehmigung mobilen Arbeitens heranziehen und für sich entscheiden, ob sie für diese Art Arbeit geeignet sind. Oder sie erhalten konkrete Hinweise, die sie mit Aufnahme der mobilen Arbeit bereits beachten.

4.2.10 Baustein 10: Begleitung durch externe Change Manager

Es ist sinnvoll, Change Manager oder andere Spezialisten von extern zu beauftragen. Sie begleiten die digitalen Veränderungsprozesse in den jeweiligen Diensten vor Ort, tauschen ihre Erfahrungen mit den Digitalisierungssteuerern aus und geben Anregungen, wo Schwierigkeiten auftreten bzw. Hilfen benötigt werden. Darüber hinaus können sie Erfolgsgeschichten weitererzählen und bspw. auf den Austauschrunden von Führungskräften teilen. Ein solches Change Management kann auch in Form eines auf die Digitalisierung von Kommunen spezialisierten Audits erfolgen.

4.2.11 Baustein 11: Verwaltungsweite, gemeinsame Aktivitäten

Die Digitalisierung bringt die Gefahr mit sich, dass sich die Kolleginnen und Kollegen des Hauses (noch weiter) voneinander entfremden. Dieses Risiko rührt nicht nur von der mobilen Arbeit her. Auch die Beschleunigung der Prozesse, unerwartet auftretenden Projekte, klimatische Verhärtungen und die Technologisierung tragen hierzu bei (Email statt ein persönliches Gespräch, selbst wenn der Kollege nur wenige Meter entfernt sitzt, häufiges Checken von Mails während persönlicher Gespräche und damit Unterbrechung des Kontakts etc., Interview 4). Je mehr sich die Kolleginnen und Kollegen räumlich voneinander entfernen und die Digitalisierung voranschreitet, umso wichtiger sind der persönliche Kontakt, der gegenseitige Austausch und gemeinsame, identitätsstiftende Veranstaltungen. Gemeinschaftliches Kaffeetrinken und kurzes „Klönen", mitunter noch verpönt, sollten deshalb unterstützt und durch die Bereitstellung ansprechender Gemeinschaftseinrichtungen gefördert werden. Gemeinsames Mittagessen der Teams ist zu fördern und zu bewerben. Auch Wasserspender, Kickertische oder ähnliches, die aufgestellt werden, ermöglichen kollektive Erlebnisse und verankern Menschen in der Verwaltung. Gleiches gilt für Betriebsausflüge, Dienstfeiern, verwaltungsweite Weihnachtsfeste, Geburtstagsfeiern und ähnliches. Werden moderne Formate integriert, wie z. B. aktive Mittagspausen auf den Fluren in Form von Flash Mobs oder Escape Rooms zu Gesundheitsfragen, entsteht zudem eine neue Leichtigkeit, die nicht nur jüngere Mitarbeiterinnen und Mitarbeiter ansprechen dürfte. Alle Veranstaltungen sollten möglichst regelmäßig angeboten werden, damit sich alle Mitarbeitenden als einen echten Teil der Stadtverwaltung verstehen und erleben. Teamentwicklungen, die z. B. im Rahmen des Fortbildungsprogramms angeboten werden, zählen ebenfalls zu identitätsförderlichen Aktivitäten, wie auch Angebote zu Ausflügen zu Bestleistern in der Umgebung und – schon weiter digitalisierten – Partnerkommunen. Ausflüge zu Bestleistern haben nebenbei den besonderen Charme, dass sie sich zu einer „Learning Journey" entwickeln können, vorausgesetzt, sie werden entsprechend gestaltet. Solche „Lernreisen" sind höchst lehrreich. Im Idealfall werden Gruppen von maximal 20 Leuten aus den unterschiedlichsten Bereichen und Hierarchien der Verwaltung gebildet, die hinter die Kulissen der Bestleister schauen. Durch den Austausch aller Beteiligten kommen die Teilnehmenden in Kontakt mit Innovationen und Digitalisierung, eine Dynamik, die sich durch Kurzvorträge von Experten vor Ort noch weiter verstärken lässt. Digitalisierung wird damit konkret erlebbar. Sie folgt der Erkenntnis, dass Lernen vor allem über Erfahrungen erfolgt, weniger über theoretische Inputs (Grabmeier 2017).

Die Digitalisierung der Prozesse kann im Haus übrigens auch einen „Klebstoffeffekt" nach sich ziehen. Werden die vielzähligen (in der Regel mehrere tausende umfassenden) Abläufe der Verwaltung im Zuge des Online-Zugangs-Gesetzes (möglicherweise zum ersten Mal) flächendeckend und systematisch erfasst, analysiert, optimiert und anschließend für die Mitarbeiterinnen und Mitarbeiter transparent gemacht, entsteht im Haus ein größeres Verständnis für die Arbeit der anderen Kolleginnen und Kollegen, zumindest in den verschiedenen Teams, Abteilungen und Ämtern („endlich weiß ich, was der Kollege die ganze Zeit macht. Das ist ja viel komplexer als ich dachte. Hut ab"). Die Digitalisierung der Prozesse kann deshalb durchaus ein „Zusammenrücken" der Verwaltung bewirken.

4.2.12 Baustein 12: Frühzeitige Qualifizierung bei Stellenabbau

Die Digitalisierung bringt mittel- bis langfristig den Abbau von Stellen mit sich, sowohl im Führungs- als auch im Fachbereich. Selbst anspruchsvollere Antragsbearbeitung könnte schon bald durch entsprechende Programme bzw. künstliche Intelligenz erfolgen, so dass nur kniffelige Spezialfälle händisch bearbeitet werden. Im Rahmen der Personalauslese ist es beispielsweise heute schon absehbar, dass der standardisierte Vorausleseprozess von Maschinen übernommen wird (Interview 6). In dem Moment, in dem deutlich wird, dass Stellen oder Stellenanteile rationalisiert werden (könnten), sollten die betroffenen Stelleninhaberinnen und -inhaber mit Sensibilität darüber informiert werden. Gleichzeitig ist es sinnvoll, entsprechende Umschulungen bzw. Qualifizierungen mit ihnen zu besprechen und anzustoßen. Hierfür kommen die Standardinstrumente der Verwaltungsausbildung in Frage, wie z. B. die Angestelltenlehrgänge oder Beamtenausbildungen, oder aber spezielle Fachfortbildungen, die auf den individuellen Fall zugeschnitten werden. Die Fortbildungsbudgets sind entsprechend aufzustocken.

Literatur

Ansoff, H. I. (1979). *Strategic management*. London: Palgrave Macmillan.

Bartscher, T., & Nissen, R. (2017). *Personalmanagement. Grundlagen, Handlungsfelder, Praxis* (2. Aufl.). Hallbergmoos: Pearson.

Binner, M. (2019). Herz über Kopf. *t3n, 55*, 39–43.

BKK-Gesundheitsreport. (2018). In F. Knieps & H. Pfaff (Hrsg.), *Arbeit und Gesundheit Generation 50+*. Berlin: BKK Dachverband.

Böning, U. (2005). Coaching: Der Siegeszug eines Personalentwicklungs-Instruments – Eine 15-Jahres-Bilanz. In C. Rauen (Hrsg.), *Handbuch Coaching* (S. 21–54). Göttingen: Hogrefe.

Brandes, U., et al. (2014). *Management Y- Agile, Scrum, Design Thinking & Co.: So gelingt der Wandel zur attraktiven und zukunftsfähigen Organisation*. Frankfurt a. M.: Campus.

Bühner, R. (1994). *Personalmanagement*. Landsberg: Verlag Moderne Industrie.

Crummenerl, C., & Orsolya Seebode, R. (2016). Das Geheimnis erfolgreicher digitaler Transformation – Warum Führung, Befähigung und Kultur den Unterschied machen. In T. Petry (Hrsg.), *Digital Leadership: Erfolgreiches Führen in Zeiten der Digital Economy* (S. 151–186). Freiburg: Haufe.

Doppler, K., & Lauterburg, C. (2005). *Change Management – Den Unternehmenswandel gestalten*. Frankfurt a. M.: Campus.

Grabmeier, S. (2017). Learning journey – innovative Weiterbildung in der Digitalen Transformation. https://stephangrabmeier.de/learning-journey-eine-reise-zur-innovativen-weiterbildung. Zugegriffen am 15.07.2019.

Groysberg, B., Lee, J., Price, J., & Yo-Jud Cheng, J. (März 2018). Eine Frage der Kultur. *Harvard Business Manager*, S. 21–31.

Hablützel, P. (2008). Verwaltungsmodernisierung und Personalentwicklung. In N. Thom & R. J. Zaugg (Hrsg.), *Moderne Personalentwicklung: Mitarbeiterpotenziale erkennen, entwickeln und fördern* (S. 345–354). Wiesbaden: Gabler.

Hansch, D. (2006). *Erfolgsprinzip Persönlichkeit*. Heidelberg: Springer Medizin.

Ibold, F., Kühl, S., & Matthiesen, K. (März 2018). Den Wandel richtig managen. *Harvard Business Manager*, S. 38–45.

JP-Consulting & Training. (2012). Sounding Board – Reflektion von Change Management Prozessen. https://www.jp-consulting.de/Consulting.../Was-ist-ein-Sounding-Board-E1593.htm. Zugegriffen am 15.07.2019.

Kabat-Zinn, J. (2008). *Im Alltag Ruhe finden*. Frankfurt a. M.: Fischer.

KGSt-Infotag. (2019). *Organisationskultur*. Dortmund: KGSt-Infotag.

Köhler, W. (2018). Wie begeistert man Mitarbeiter für die digitale Transformation? *Harvard Business Manager Spezial*, S. 34–35.

Koob, D. (2015). Mit negativen Emotionen professionell umgehen – Frustrations- und Ambiguitätstoleranz als Kernkompetenz von Weiterbildnern. https://www.die-bonn.de/zeitschrift/32008/emotionskompetenz_koob_08.htm. Zugegriffen am 15.07.2019.

Kotter, J., & Rathgeber, H. (2009). *Das Pinguin-Prinzip. Wie Veränderung zum Erfolg führt*. München: Droemer.

Laloux, F. (2016). *Reinventing Organizations – visuell*. München: Vahlen.

Lipp, U., & Will, H. (2008). *Das große Workshop-Buch. Konzeption, Inszenierung und Moderation von Klausuren, Besprechungen und Seminaren* (8. Aufl.). Weinheim/Basel: Beltz.

Marlock, G., & Weiss, H. (2006). *Handbuch der Körperpsychotherapie*. Stuttgart: Schattauer.

Michl, T. (2016). Aus der agilen Methodenkiste: Lean Cofee – kollegialer Wissensaustausch leicht gemacht. https://agile-verwaltung.org/2016/08/18/aus-der-agilen-methodenkiste-lean-coffee-kollegialer-wissensaustausch-leicht-gemacht. Zugegriffen am 27.09.2019.

Müller-Braunschweig, H., & Stiller, N. (2010). *Körperorientierte Psychotherapie: Methoden – Anwendungen – Grundlagen*. Heidelberg: Springer Medizin.

Oechsler, W. A., & Paul, C. (2019). *Personal und Arbeit. Einführung in das Personalmanagement* (11. Aufl.). Berlin: de Gruyter.

Patrzek, A. (2005). *Fragekompetenz für Führungskräfte. Handbuch für wirksame Gespräche mit Mitarbeitern*. Leonberg: Rosenberger.

Petry, T. (2016). Digital Leadership – Unternehmens- und Personalführung in der Digital Economy. In T. Petry (Hrsg.), *Digital Leadership: Erfolgreiches Führen in Zeiten der Digital Economy* (S. 21–83). Freiburg: Haufe.

Remdisch, S. (2005). Führen auf Distanz erfolgreich gestalten. https://www.leuphana.de/fileadmin/user_upload/Forschungseinrichtungen/ipm/files/Fuehren_auf_Distanz.pdf. Zugegriffen am 08.10.2019.

Remer, A. (2002). *Management – System und Konzepte*. Bayreuth: R.E.A.

Riemann, F. (2000). *Grundformen der Angst* (33. Aufl.). München: Ernst Reinhardt.

Salicru, S. (2016). Do you lead a remote team? This could transform how you work. https://www.regus.com/work-us/do-you-lead-a-remote-team-this-could-transform-how-you-work. Zugegriffen am 15.07.2019.

Schedler, K., & Siegel, J. P. (2005). *Strategisches Management in Kommunen. Ein integrativer Ansatz mit Bezug auf Governance und Personalmanagement.* Düsseldorf: Edition der Hans-Böckler-Stiftung.

Scheller, T. (2014). Culture hacking. https://www.agil-werden.de/culture-hacking. Zugegriffen am 15.07.2019.

Scheller, T. (2017). *Auf dem Weg zur agilen Organisation. Wie Sie Ihr Unternehmen dynamischer, flexibler und leistungsfähiger gestalten.* München: Vahlen.

Schermuly, C. C. (2019). *New Work – Gute Arbeit gestalten. Psychologisches Empowerment von Mitarbeitern* (2. Aufl.). Freiburg: Campus.

Schlote, A. (22. Mai 2019). Home-Office: Zwischen Traum und Wirklichkeit. Vortrag bei der Stadt Solingen.

Schneider, P., & Sting, F. J. (April 2019). Die Sicht der Mitarbeiter. *Harvard Business Manager,* S. 34–41.

Schültken, L. (2016). Ansätze und Tools für die Transformation zu einem partizipativen und agilen Unternehmen – ein fiktiver Erlebnisbericht. In T. Petry (Hrsg.), *Digital Leadership: Erfolgreiches Führen in Zeiten der Digital Economy* (S. 213–230). Freiburg: Haufe.

Senftleben, R. (2014). 5 Prinzipien der Selbstorganisation. https://www.zeitzuleben.de/5-prinzipien-der-selbstorganisation. Zugegriffen am 15.07.2019

Senftleben, R. (2018). Achtsamkeit: Alles, was du darüber wissen musst. https://www.zeitzuleben.de/achtsamkeit-alles. Zugegriffen am 15.07.2019.

Simon, V. (2000). *Management, Unternehmenskultur und Problemverhalten.* Wiesbaden: Springer.

Staehle, W. H. (1999). *Management. Eine verhaltenswissenschaftliche Perspektive.* München: Vahlen.

Taepke, K. (2018). Die Barcamp Methode: Definition, Ablauf und Regeln. https://www.eventbrite.de/blog/barcamp-methode-definition-ablauf-regeln. Zugegriffen am 15.07.2019.

Volz, D. (2019). Projektleiterin Employer Branding bei der Stadt Frankfurt a. M.:Persönliches Gespräch am 4. September.

Von Ameln, F., & Kramer, J. (2007). *Organisationen in Bewegung bringen: Handlungsorientierte Methoden für die Personal-, Team- und Organisationsentwicklung.* Heidelberg: Springer.

Ergänzende Überlegungen zur Personalentwicklung

Die hier gemachten Ausführungen verdeutlichen, dass der Weg zur Digitalen Kommune ein weiter und komplexer Weg ist. Die Maßnahmen der Personalentwicklung können nur dann zum Einsatz kommen, wenn beim Verwaltungsvorstand und den zentralen Akteuren Offenheit und Unterstützung für sie besteht und die nötigen Ressourcen bereitgestellt werden (Zeit, Finanzen, Personal etc.). Hinzu kommt die Erschwernis, dass viele der künftig notwendigen Fähigkeiten und Kompetenzen mit Mitteln der Weiterbildung kaum oder nur in geringem Maße entwickelbar sind.

Wenn die vorgeschlagenen Maßnahmen überhaupt eine Wirkung entfalten sollen, müssen sie in weitere Entwicklungen eingebettet sein.

Entwicklung 1 Verwaltungsvorstand und Digitalisierungsverantwortliche beschäftigen sich intensiv mit den verschiedenen Bausteinen, wägen ab, welche Teile bereits vorhanden sind, welche sie ggf. umarbeiten oder in eine passendere Form bringen wollen. Nach dem Trial-and-Error-Prinzip entwickeln sie eine erste, klare Vorstellung des Digitalisierungsprozesses mit Zielen und Zeitplänen, die natürlich im Laufe der Zeit anzupassen ist. Gleichzeitig gehen sie, was das Thema Führung, Verantwortung und Kommunikation angeht, voran, sind damit Vorbild für die Führungskräfte und Mitarbeitenden des Hauses („Walk your talk" oder „Lass Taten folgen").

© Springer Fachmedien Wiesbaden GmbH, ein Teil von Springer Nature 2020   95
C. Winners, *Fit für den digitalen Wandel in Kommunen*, Edition Innovative
Verwaltung, https://doi.org/10.1007/978-3-658-28497-8_5

Entwicklung 2 Da viele der geforderten Fähigkeiten, wie z. B. Offenheit, Vertrauen und Menschenbild, sehr früh im Leben von Menschen geprägt und ein Stück weit auch Veranlagung sind, können Fortbildungen nur in kleinem Maße und sehr mühsam Veränderungen herbeiführen. Gerade die Führungskräfteentwicklung kann nur zu Erfolgen führen, wenn die Mitarbeitenden eine grundlegende Disposition bzw. innere Haltung zur Führungskraft („Talent") mitbringen (Oechsler und Paul 2019, S. 295) und diese im Zuge der Führungskraftauslese auch berücksichtigt wird. Fortbildungen fallen dann auf „fruchtbaren Boden" und brauchen den Führungskräften „nur einen kleinen Schubs" zu geben. Entbehren Führungskräfte hingegen die notwendige – und im Rahmen der Digitalisierung noch anspruchsvollere – grundsätzliche Veranlagung, fällt die Führungskräfteentwicklung auf „unfruchtbaren Boden"; sie kann bei großem und kostenintensivem Aufwand wenig bis gar nicht wirken. Insofern ist es wichtig, die Führungskräfteauswahl professionell und an den neuen Kriterien orientiert zu gestalten. Nicht der sollte zur Führungskraft ernannt werden, der „an der Reihe ist (und damit im Zweifelsfall der „Obersachbearbeiter"), sondern der Qualifizierteste". Damit steigen auch die Aufgaben und die Verantwortung der für diesen Prozess zuständigen Personalauslese (Einführung neuer Stellenbesetzungskriterien, Auslese in Form von Mini-Assesment-Centern etc.).

Entwicklung 3 Die von der Personalentwicklung in Aussicht gestellten Seminare und Austauschrunden bilden sicherlich wertvolle Instrumente auf dem Weg zur Digitalen Kommune. Allerdings arbeiten sie in der Regel nach dem „Gießkannenprinzip". Damit erreichen ihre Inhalte nur Führungskräfte und Mitarbeitende, die für diese Themenstellungen und Entwicklungen offen sind. Zauderer oder Verweigerer bleiben weitgehend außen vor. Außerdem holen sie die Teilnehmenden zum Teil nicht auf dem Qualifikationsniveau ab, auf dem diese aktuell stehen. Unter- oder Überforderung der Teilnehmenden sind die Konsequenz. Insofern kann es nicht verwundern, wenn bei Fortbildungen mitunter Klagen aufkommen und diese von Teilnehmenden – partiell, aber berechtigterweise – als Zeitverschwendung empfunden werden („Bei mir im Büro türmt sich die Arbeit und ich höre zum 6. Mal etwas über das 4-Ohren-Modell").

Personalentwicklung im Idealzustand beginnt deshalb mit einer individuellen Standortbestimmung der Führungskräfte und Mitarbeitenden. Solche Standortbestimmungen können in Rückmeldungen von oben liegen (Beurteilungswesen, Mitarbeitergespräche), in denen Stärken und Schwächen angesprochen und mit individuellen Entwicklungsvereinbarungen verbunden werden, welche die Personalentwicklung anschließend durch entsprechende Fortbildungsangebote umsetzt. Neben den für Beamte gesetzlich vorgeschriebenen Beurteilungen ist es vor diesem Hintergrund sinnvoll, gerade die Mitarbeitergespräche zu intensivieren und vom Verwaltungsvorstand vehement und nachträglich einzufordern zu lassen, sollte dies noch nicht der Fall sein. Dabei ist nicht nur auf die alleinige Durchführung der Mitarbeitergespräche zu schauen (Quantität), sondern vor allem auch auf die Qualität der Gespräche (werden Beschwerden über die Qualität der Gespräche laut, führen die Vorstandsmitglieder Kritikgespräche mit den Gespräche führenden Führungskräften). Eine Grundlage für die eigene Standortbestimmung bilden auch „führungskraftscharfe" Rückmeldungen von unten, d. h. Bewertungen der Führungskräfte durch ihre unmittelbar unterstellten Mitarbeitenden mittels Befragungen (wenn Datenschutz und Personalrat solch führungskräftescharfe Auswertungen befürworten). Kombiniert mit den Beurteilungs- bzw. Mitarbeitergesprächen erlauben Mitarbeiterbefragungen gerade den für den Digitalisierungsprozess so wichtigen Führungskräften eine 180-Grad-Rückmeldung. Wird von Seiten der Personalentwicklung zudem für die Möglichkeit geworben, sich Feedback von Kolleginnen und Kollegen oder strategischen Partnern einzuholen, erweitern sich zumindest unter Führungskräften die Rückmeldungen von 180-Grad auf 270- oder 360-Grad. Zuletzt bieten sich sicherlich zentral angebotene Potenzialanalysen als Mittel der Standortbestimmung an. Mittels verschiedener Testverfahren, z. B. eines IQ-Tests gekoppelt mit einem Persönlichkeitstest inklusive Selbst- und Fremdeinschätzung (z. B. einem verkürzten Bochumer Inventar zur berufsbezogenen Persönlichkeitsbeschreibung, kurz BIP) sowie einem psychologischen Gespräch lassen sich Aussagen über die fachliche Qualifikation, die individuellen Neigungen sowie die persönlichen Fähigkeiten (kognitive Flexibilität und Kreativität, soziale Kompetenz und Motivation, Auftreten, persönliche Merkmale und Führungskompetenz) einzelner Personen treffen. Insofern bilden auch Potenzialanalysen einen guten Weg für Mitarbeitende und Führungskräfte, eine individuelle, relativ objektive Einschätzung zu erhalten.

Ein Spezialfall der Standortbestimmung für Führungskräfte findet sich in dem von der Stadt München vor einigen Jahren eingeführten und seitdem gelebten „Führungsdialog" wieder. Hier gehen die Führungskräfte und ihre Teams in einen moderierten Austausch, erhalten so gegenseitiges Feedback, klären eventuelle Missverständnisse und können ggf. Spielregeln der Zusammenarbeit neu definieren (Führungsdialog 2012).

Ein ähnliches, ebenfalls sehr detailliertes Verfahren besteht in einem „Entwicklungs-Dialog". In diesem werden in einem ersten Schritt Mitarbeiterbefragungsbögen zum allgemeinen Führungsverhalten herangezogen bzw. erstmalig entwickelt, und zwar als Selbsteinschätzung durch die Führungskräfte selber und als Fremdeinschätzung durch die geführten Mitarbeitenden (z. B. „Ich gehe mit meinen

Mitarbeitenden in einer wertschätzenden Art um"/„Meine Führungskraft geht mit mir in einer wertschätzenden Art um" oder „Ich ermutige meinen Mitarbeitenden, Neues auszuprobieren"/„Meine Führungskraft ermutigt mich, Neues auszuprobieren"). Gleichzeitig werden die spezifischen Anforderungen jeder Führungsposition genau aufgelistet (beispielsweise „besonderes Durchsetzungsvermögen", „Repräsentationskompetenz" oder „sehr hohe Empathie"). Die Führungskräfte nehmen in einem zweiten Schritt eine Selbsteinschätzung bezüglich der allgemeinen und spezifischen Merkmale vor, ihre Mitarbeitenden gleichermaßen und anonym die Fremdeinschätzung. Die Ergebnisse werden in einem dritten Schritt einem externen Moderator/einer externen Moderatorin zugestellt, der die Gemeinsamkeiten und Abweichungen aus Selbst- und Fremdeinschätzung mit den bewerteten Führungskräften in einem persönlichen Gespräch individuell thematisiert. In einem vierten Schritt werden mit der jeweiligen Führungskraft, dem Moderierenden und der Personalentwicklung individuelle Entwicklungsmaßnahmen für die Führungskraft verabredet, möglichst auch im persönlichen Austausch. Machen die Führungskräfte die Ergebnisse ihrer Standortbestimmung gegenüber ihren mitarbeitenden Führungskräften oder Mitarbeitenden überdies transparent und lassen sie sie gedanklich an ihren Entwicklungsbestrebungen partizipieren, fördern sie eine Kultur der Offenheit, Lernfreude und Fehlerkultur. Der „Entwicklungs-Dialog" ist bei all seinen Vorzügen allerdings finanziell, zeitlich und personell sehr aufwendig. Deshalb lässt er sich vor allem partiell gut einsetzen, z. B. als Begleitmaßnahme bei Organisationsuntersuchungen oder -veränderungen einzelner Ämter.

Angesichts eines „befähigenden" Menschenverständnisses ist es in der Personalentwicklung neben der individuellen Standortbestimmung nur konsequent, Führungskräfte und Mitarbeitende in ihre eigene Entwicklung und damit Auswahl des Schulungsniveaus stark zu involvieren. Menschen wissen auch ohne dezidierte Rückmeldung häufig ziemlich gut, wo ihre Stärken und Schwächen liegen. Diesem Gedanken wird deshalb nicht nur ein breites, mit „Anfänger", „Fortgeschrittenen" und „Experten" gekennzeichnetes Angebot an Schulungen im Fortbildungsprogramm gerecht. Auch sogenannte „Zirkeltrainings" erfüllen diesen Anspruch (zu den Zirkeltrainings vgl. Schermuly 2019, S. 268). Hier finden Trainings mit 4–5 Referenten und ca. 50 Teilnehmenden an einem Tag zu speziellen Oberthemen statt, wie z. B. Kommunikation. Jeder der Referenten spricht sich im Vorfeld der Veranstaltung mit der Personalentwicklung ab und bereitet ein Unterthema vor, das zum Entwicklungsbedarf einiger der Teilnehmenden passt. Nach der Begrüßung stellen die Referenten ihre Unterthemen allen Teilnehmenden vor und führen ihre Intervention an diesem Tag dreimal durch. Die Teilnehmenden entscheiden selbst, welches Unterthema sie für sich persönlich als besonders drängend erleben und stellen ihren Trainingstag für sich zusammen. Ähnlich passgenau können, je nach

Prägung, auch Mentorenprogramme, Coachings, Supervisionen und kollegiale Beratungen ausfallen. Die Spitze dieses Gedankens bilden Ansätze, die jegliche Fremdeinschätzung erst einmal ablehnen und stattdessen befürworten, jedem Mitarbeitenden und jeder Führungskraft eine gewisse Finanzsumme pro Jahr zur Verfügung zu stellen, welche diese eigenverantwortlich und individuell für die eigene Entwicklung verwenden.

Entwicklung 4 Selbst wenn Personalauslese und Personalentwicklung gründlich und umfassend arbeiten, wird es immer wieder Situationen geben, in denen die Entwicklungsangebote nicht fruchten. Nicht jeder Beschäftigte, nicht jede Führungskraft zieht trotz aller Bemühungen und zugewandter Führung mit. In solchen Fällen ist es gerade vor dem Hintergrund der Chancen, die sich durch die Digitalisierung für Kommunen bieten, zu überlegen, ob Führungskräfte in gravierenden Fällen nicht von ihren Stellen entfernt werden müssen, bei allen tarif- und beamtenrechtlichen Restriktionen und damit verbunden Mehrbelastungen bei den Personalkosten (anderweitige „Unterbringung" und amtsadäquate Beschäftigung dieser Führungskräfte). Ist dies nicht möglich, muss an anderer Stelle überlegt werden, wie das Aussitzen dieser Führungskräfte mit allen Konsequenzen (nicht nur) für die Digitalisierung gemildert werden kann.

Literatur

Führungsdialog. (2012). https://www.muenchen.de/rathaus/Stadtverwaltung/Personal-und-Organisationsreferat/Personalentwicklung/Fuehrungsdialog.html. Zugegriffen am 15.07.2019.

Oechsler, W. A., & Paul, C. (2019). *Personal und Arbeit. Einführung in das Personalmanagement* (11. Aufl.). Berlin: de Gruyter.

Schermuly, C. C. (2019). *New Work – Gute Arbeit gestalten. Psychologisches Empowerment von Mitarbeitern* (2. Aufl.). Freiburg: Campus.

Stimmen aus der Praxis – die Interviews

6

Theoretische Überlegungen allein ergeben kein vollständiges Bild von der Digitalisierung in Verwaltungen. Deshalb ist es sinnvoll, zusätzlich Wahrnehmungen, Stimmungen und Ideen aus den unterschiedlichen Ecken der Verwaltungswelt einzufangen. Im Folgenden kommen Menschen zu Wort, die den digitalen Wandel im öffentlichen Dienst am eigenen Leib erfahren. Die Bandbreite der neun Interviewpartnerinnen und -partner reicht dabei von Führungskräften zu Mitarbeitenden, von Generation Z bis zu den Baby Boomern.

Interview 1: Dr. Joachim Benedix, Leiter Personal und Organisation bei der Stadt Kassel, Führungskraft, 63 Jahre

1. Was verstehen Sie unter Digitalisierung?

Bei der Stadt Kassel unterscheiden wir deutlich zwischen der Digitalisierung nach außen und der Digitalisierung nach innen, also der Digitalisierung in der Verwaltung. Die Digitalisierung nach außen wird von unserem Oberbürgermeister und seinem Geschäftsbereich, gemeinsam mit externen Kooperationspartnern verfolgt. Zielsetzung der Digitalisierung nach innen ist die Optimierung unserer Geschäftsprozesse, um die Dienstleistungen für unsere Bürger zu optimieren und Ressourcen schonender zu arbeiten. Dies betrifft die Kontakte, bei denen die Bürger persönlich zu uns kommen, aber auch die Kontakte über unser Service-Center und Online-Kontakte. Durch die Optimierung der Geschäftsprozesse wollen wir unsere

© Springer Fachmedien Wiesbaden GmbH, ein Teil von Springer Nature 2020
C. Winners, *Fit für den digitalen Wandel in Kommunen*, Edition Innovative Verwaltung, https://doi.org/10.1007/978-3-658-28497-8_6

Mitarbeiter auch von Begleitaufgaben entlasten, die nicht zum Kerngeschäft gehören. So kommen unsere Sozialarbeiter beispielsweise aktuell nicht mehr in vollen Maße zu ihrer eigentlichen Aufgabe, weil sie einen erheblichen Anteil ihrer Zeit für die Dokumentationssicherung verwenden.

2. Was verbinden Sie mit Digitalisierung in der öffentlichen Verwaltung?

Ich verbinde damit die obengenannten zwei Ziele. Außerdem geht es um die Priorisierung von insgesamt rund 2500 Prozesse in unserer öffentlichen Verwaltung, von denen viele für die Umsetzung des Online-Zugangs-Gesetzes bis zum 31.12.2022 erforderlich sind.

3. Wie erleben Sie den Digitalisierungsprozess in Ihrem Haus?

Der Digitalisierungsprozess hat bei uns schon vor langer Zeit begonnen, etwa seit dem Jahr 2000 haben wir angefangen Formblätter auf unsere Internetseite zu stellen. Zu dieser Zeit hat unsere Organisation GPO Projekte mit der Zielsetzung begonnen, möglichst medienbruchfreie oder medienbrucharme Geschäftsprozesse zu generieren (wichtig, zuerst den Prozess optimieren, erst dann die technische Umsetzung, weil, auch digitaler Unsinn bleibt Unsinn). Allerdings wurden diese Aufgaben nur „nebenbei" gemacht, ohne die Ausstattung mit den notwendigen Ressourcen. Heute nimmt die Digitalisierung derart an Fahrt auf, dass wir zwei weitere Mitarbeiter einstellen.

Darüber hinaus haben wir ein Rollenkonzept entwickelt, welches die Aufgaben der verschiedenen Akteure im Entwicklungsprozess beschreibt und das unter anderem DigiScouts vorsieht, die entweder zentral oder dezentral arbeiten. Ideal für diese Arbeit wären Verwaltungsinformatiker, die gutes Wissen aus der EDV, der Organisation und der Verwaltung vereinen. Mit der Hochschule in Hessen haben wir deshalb bereits die Vereinbarung getroffen, dass ab dem nächsten Jahr die ersten Mitarbeiter dort in diese Ausbildung gehen.

Gleichzeitig sind wir dabei, agile Methoden breit einzuführen, weil die klassische Projektarbeit zu lange dauert. Projekte sollten auf vernünftige Weise in bestimmte Einheiten zerlegt werden, und dann komprimiert bearbeitet werden. Dies kann auch heißen, dass man drei Tage am Stück an einer Aufgabe arbeitet. Wir haben erstmals agile Instrumente im Rahmen unserer jährlichen Strategiekonferenz ausprobiert. Außerdem benötigen wir für digitale Projekte Qualifikationen aus verschiedenen Richtungen, nämlich von den Fachleuten aus den Ämtern, den Methodikern aus der Organisation und der EDV.

4. Was an der Digitalisierung reizt Sie? Was daran finden Sie positiv?

Die Möglichkeit, Dinge schneller, sicherer und eleganter zu machen. Aufwendige Formblätter und lästiges Ausfüllen entfallen zugunsten einfacher und kundenorientierter Anwendungen.

Darüber hinaus ist Digitalisierung mehr als nur die Technisierung des Bestehenden. Sie bietet auch neue Möglichkeiten. Im Moment zeigt sich eine Fragmentierung oder Individualisierung in den Kommunen. Für die Bürger sind Verwaltungen nur Dienstleistungseinheiten, die funktionieren sollen. Mit der Digitalisierung können wir hoffentlich das Interesse der Menschen für ihre Kommune wecken, von der Verwaltung ein Teil ist.

Zudem kann die Digitalisierung für ältere Menschen eine Hilfe sein, die im Zuge der Individualisierung zu vereinsamen drohen. Außerdem können wir die Gestaltung öffentlicher Räume verbessern. Bei der Raumplanung kann man z. B. die Demografie und die Altersstrukturen genau untersuchen und durch eine vernünftige Verknüpfung von Dienstleistungen bei älteren Menschen dafür sorgen, dass diese Menschen in ihren Wohnungen bleiben können. Dafür ist es nötig, die Daten der verschiedenen Ämter, wie der Stadtplanung und der Sozialplanung noch mehr zusammenzuführen. Die Sozialplanung wurde deshalb deutlich verstärkt, um dieser Aufgabe nachzukommen und so zu neuen Erkenntnissen und Planungen zu kommen.

5. Was an der Digitalisierung stört oder sorgt Sie?

Auf kommunaler Ebene relativ wenig. Hier habe ich lediglich den Eindruck, dass oft diejenigen am meisten über Digitalisierung reden, die am wenigsten davon verstehen.

Ich glaube aber, dass wir als Staat und Gesellschaft genau erkennen müssen, dass die Bequemlichkeit, welche die Digitalisierung mit sich bringt, einen Preis hat. Dienstleistungen sind im Netz leicht zugänglich. Im Austausch dafür werden jedoch Daten freigegeben, mit denen Unternehmen arbeiten. Diese Unternehmen werden sehr mächtig und unkontrollierbar, man denke nur an die neue Libra-Währung von Facebook, obwohl das Gewalt- und Währungsmonopol beim Staat liegt. Diese Entwicklung finde ich hochgradig problematisch. Aus meiner Sicht müsste man deshalb diese neuen Konzerne in verschiedene Teile zerlegen, um ihre Macht zu minimieren und sie besser gesellschaftlich zu kontrollieren. Ein Problem liegt auch in totalitären Staaten wie China, die alles daransetzen, mit Hilfe der Digitalisierung ihre Menschen noch mehr zu kontrollieren; beispielsweise mit Hilfe von Gesichtserkennungsprogrammen. Das sind die großen Fragen, auf die wir mit demokratischer Rechtsstaatlichkeit antworten müssen.

6. **Welche Veränderungen, glauben Sie, wird die Digitalisierung kurz-, mittel-
    und langfristig für Ihre aktuelle Arbeit mitbringen?**

Für mich relativiert sich diese Frage, denn ich bin nur noch zwei Jahre im Amt.
In dieser Zeit möchte ich die OZG-Umsetzung richtig gut ins Rollen bringen
und unser eigenes altes DMS durch ein neues Verfahren, mit erweiterten Funktio-
nen (z. B. ein modernes Mitarbeiterportal), abgelöst haben. Aufgrund der guten
wirtschaftlichen Rahmenbedingungen können wir weiterhin gut investieren und
werden in den nächsten 5 Jahren ein großes Lichtwellenleiternetz mit 186 Stand-
orten aufbauen können. 38 Standorte werden noch dieses Jahr dazu kommen, davon sind 19 Schulen. Die weitere Vernetzung in den Schulen wird große Mittel
verlangen, deren Finanzierung noch nicht geklärt ist. Außerdem möchte ich den
vor 2 Jahren begonnenen Strategieprozess verstetigen, damit er gut läuft, wenn ich
ausgeschieden bin. Zu guter Letzt muss ich noch mein Amt Personal, Organisation,
EDV, Statistik mit 100 Leuten betreuen. Es ist großartig, wenn diese Aufgabenbe-
reiche in einer Einheit zusammenkommen. Das ist ein großer Vorteil bei Moderni-
sierungsmaßnahmen, was wir ganz deutlich z. B. bei der Errichtung unseres Ser-
vicecenters gemerkt haben.

7. **Wie gehen Sie (persönlich und/oder im Team) aktuell mit den Veränderun-
    gen durch Digitalisierung um, sofern gegeben?**

Es ist teils unterschiedlich, aber meine Mitarbeiter ziehen mit, insbesondere die
Führungskräfte. Die Mitarbeiter der EDV und der Organisation sind dabei echte
Antreiber.

8. **Was brauchen Sie persönlich, um die digitale Transformation in Ihrem
    Aufgabengebiet gut zu bewältigen? Oder anders ausgedrückt: Wenn Sie
    einen großen Wunsch frei hätten, der Ihnen bei der digitalen Transforma-
    tion in Ihrem Aufgabengebiet helfen würde, welcher wäre es?**

Ich hätte gerne noch zwei bis drei Leute mehr mit den oben genannten Qualifikationen (Verwaltungsinformatiker). Außerdem wünsche ich mir, dass wir es schaffen, unser Rollenkonzept umzusetzen, mehr und weitere Geschäftsprozesse zu
optimieren und geeignete Online-Portale für Dienstleistungen aufzubauen. Ich
wünsche mir eine klare Hierarchie dessen, was wir wie angehen müssen bei der
Umsetzung des OZGs.
    Außerdem wünsche ich mir, dass wir unsere Standardaufgaben, die 90 % unseres
Geschäfts ausmachen, so vernetzen, dass sie auf die Zukunft ausgerichtet sind.

Dann sind wir besser für die sozialen Probleme gewappnet, die wieder stärken werden dürften, sollten sich die wirtschaftlichen Rahmenbedingungen verschlechtern
und damit die Ressourcen verringern, die wir zur Verfügung gestellt bekommen.

Interview 2: Bernd van Ellen, CDO – Koordinierungsstelle Digitalisierung bei der Stadt Emden, Führungskraft einer im Aufbau befindlichen Stabsstelle, 51 Jahre

1. **Wem ist Ihre „Koordinierungsstelle Digitalisierung" organisatorisch zugeordnet?**

Ich bin dem Verwaltungsvorstand seit einem Jahr beratend zugeordnet und dem
Oberbürgermeister direkt unterstellt. Perspektivisch ist die Einrichtung einer
Stabsstelle geplant.

Diese Zuordnung zum Verwaltungsvorstand hängt damit zusammen, dass wir
mit der Digitalisierung auf zwei Ebenen unterwegs sind. Die eine Ebene ist die
Ökosphäre Stadtverwaltung mit all den Anforderungen, die sich aus dem Online-
Zugangs-Gesetz ergeben. Mit diesen Anforderungen ist, neben der IuK- und der
Organisationsabteilung, auch die Koordinierungsstelle beschäftigt. Wobei dies
sehr stark ein Organisationsthema ist, ich bin hieran aber unmittelbar beteiligt.
Meine primäre Zuständigkeit liegt bei der Ökosphäre Stadt als solches. Hier müssen wir ein digitales Profil ausbilden und überlegen, wie wir wo welche Schnittstellen einrichten, wie wir mit dem Thema Partizipation umgehen etc. Auch das
Thema Smart City treiben wir innerhalb der Stadtgesellschaft voran. Insofern betreiben wir Digitalisierung ganzheitlich und beschränken uns nicht nur auf die Digitalisierung der Verwaltung, es geht um die digitale Transformation.

2. **Was verstehen Sie unter Digitalisierung?**

Als Mensch ist Digitalisierung für mich zum einen das, was es auch für den Rest der
Welt ist. Digitalisierung ist ein umfassender Transformationsprozess, der sich auf
alle Lebens- bzw. Arbeitsbereiche und vor allem auf alle Ebenen der Gesellschaft
bezieht. Die Digitalisierung wirkt in all diese Bereiche tief hinein, insbesondere in
die Themen Kommunikation, Arbeit und Freizeitverhalten, die sich bereits nachhaltig verändert haben.

Als Mitarbeiter der Verwaltung bedeutet Digitalisierung für mich die Umsetzung des Online-Zugangs-Gesetzes bzw. des Online-Zugangs-Verbesserungs-
Gesetzes. Wir haben einen Katalog mit 575 identifizierten Dienstleistungen, die
bis Ende 2022, so sagt das Gesetz, digital vorliegen sollen. Und hinter diesen

Dienstleistungen liegen unzählige Prozesse und Prozessschritte, die noch nicht erhoben sind. Wie viele andere Verwaltungen liegt deshalb unsere große Herausforderung darin, diese zunächst individuell zu ermitteln, bevor wir digitalisieren.

In Bezug auf die Stadtgesellschaft bedeutet Digitalisierung für mich die Möglichkeit, vernetzte Angebote schaffen können, um das Lebens- und Arbeitsumfeld der Menschen in der Kommune positiv zu beeinflussen oder zu verbessern. Hierunter fallen auch die verschiedenen Möglichkeiten, die im Zusammenhang mit Smart City diskutiert werden.

3. Was verbinden Sie mit Digitalisierung in der öffentlichen Verwaltung?

Meine Ausführungen zu Frage 1 und 2.

Darüber hinaus verbinde ich mit Digitalisierung eine stetige technische Entwicklung. Die Menschen können heute viele Dinge ihres Alltags über ihr Handy erledigen und möchten dies auch bei den Leistungen der Verwaltung. Diese Menschen sagen „Was ist denn bei euch los"? Deshalb müssen wir unsere Angebote rechtssicher, zielgerichtet und ausgerichtet an den Bedürfnissen der Menschen weiterentwickeln. Die technische Lösung ist dabei aus meiner Sicht gar nicht das Problem. Vielmehr liegen in den bislang vorgegebenen und praktizierten Verwaltungsabläufen manchmal Hemmnisse, die es schwer machen, diese Leistungen so einfach und unkompliziert anbieten zu können. Die Digitalisierung bringt eine Verwaltungsreform von bisher unbekanntem Ausmaß.

4. Wie erleben Sie den Digitalisierungsprozess in Ihrem Haus?

Die technischen Voraussetzungen sind bei der Digitalisierung nicht das Problem. Diese ergeben oder entwickeln sich. Es geht bei der Digitalisierung vielmehr – und das merke ich seit einem Jahr – um den Faktor Mensch. Die Menschen müssen eingebunden und überzeugt werden, von der Sinnhaftigkeit der Digitalisierung und der Verbesserung ihrer Arbeitsbedingungen. Es ist wichtig ihnen zu vermitteln, dass es darum geht, die Technik so einzusetzen, dass sie unterstützt werden; ihre Arbeit soll nicht ersetzt werden. Vielmehr soll es den wenigen Menschen der Verwaltung helfen, die wachsende Aufgabenbelastung zielgerichtet und vor allem sicher abarbeiten zu können. Ich habe deshalb die Mission bzw. Maxime „Den digitalen Wandel als permanenten Verbesserungsprozess gemeinsam gestalten" formuliert.

5. Was an der Digitalisierung reizt Sie? Was daran finden Sie positiv?

Grundsätzlich finde ich den vernetzten Einsatz der Technik positiv. Er ermöglicht die Verbesserung der Lebens- und Arbeitsbedingungen der Menschen und die Möglichkeit, ihnen zu helfen.

Die Digitalisierung bietet Teilhabe bzw. Partizipation der Menschen. Sie können miteinbezogen werden, wie es vorher nicht möglich war, beispielsweise durch Plattformen. Damit kommen wir dem klassischen Gemeinwesenansatz nach, den wir als Kommune vertreten. Wir sind dazu da, den Menschen zu dienen und etwas zu tun, damit das Gemeinwesen funktioniert. Ein konkretes Beispiel für ein solches Angebot ist eine Partizipationsplattform, die wir aufgebaut haben. Hier kann man im Internet seine Meinung zu verschiedenen Themen äußern und Anregungen abgeben, z. B. zu Baugebieten. Dieses Vorgehen sorgt für eine viel breitere Form der Mitwirkung und die Möglichkeit, sich in Echtzeit zu beteiligen.

Wie man mit dieser Beteiligung umgeht, ist noch eine andere Frage. Theoretisch wirken die Ergebnisse direkt in die Arbeit des Stadtrates hinein. Wenn man Partizipation und die Ergebnisse des Partizipationsprozesses also wirklich ernst nimmt, muss der Input von den dort politisch Handelnden auch aufgegriffen werden. Das heißt wir müssen Mechanismen finden, wie die Ergebnisse in deren Arbeit einfließen können. Wir können dabei nicht dem Beispiel von Facebook folgen und alles aufnehmen, was den Menschen gerade durch den Kopf geht, auch wenn es nicht zum Thema passt oder am Ziel vorbeiführt. Die Frage ist also – und mit dieser werden wir uns noch intensiv auseinandersetzen müssen –, wie wir in einer offenen Form die Gesellschaft beteiligen können.

6. Sehen Sie mit dieser neuen Teilhabe die Möglichkeit, extreme politische Kräfte zu mildern?

Extreme politische Kräfte lassen sich aus meiner Sicht nur mildern, indem man ihnen den Stein wegnimmt, unter dem sie sich verkriechen und die Sonne darauf scheinen lässt. Man muss ihnen mit viel Transparenz und Konsequenz die Maske nehmen, hinter der sie ihr wahres Gesicht verbergen. Hier kommen ja auch verschiedene Gruppen zusammen. Es gibt unter den extremen Kräften auch tatsächlich besorgte Bürger, die mangels Transparenz die Entwicklungen nicht verstehen und sich in diesem Unverständnis für eine Position entscheiden, die nicht zielführend ist, sondern in die Isolation führt. Das ist das, was wir aktuell vor Ort und in den Medien sehen. Nur so ist der Aufstieg all dieser merkwürdigen politischen Gruppierungen zu erklären.

7. Was an der Digitalisierung stört oder sorgt Sie?

Was mich sorgt ist die Gefahr, Menschen zu verlieren – so paradox das nach meinen vorherigen Ausführungen klingen mag – und zwar diejenigen, die keinen oder nur bedingten Zugang zur Technik haben, sei es, weil der Zugang physisch nicht vorhanden oder (finanziell) nicht erreichbar ist oder aus Gründen der Ablehnung, Verweigerung, Unsicherheit und Angst. Es ist sicherlich eine Herausforderung, alle mitzunehmen. Doch gerade wir als Kommune, dem Gemeinwesen verpflichtet, dürfen es uns nicht erlauben, Menschen zurückzulassen.

8. Haben Sie bei dieser Frage ältere Menschen vor Augen?

Ich habe all diejenigen vor Augen, die keinen Zugang zu dem Thema haben. Natürlich sind ältere Menschen dabei auch eine besondere Gruppe, die man nicht vernachlässigen darf.

9. Welche Veränderungen, glauben Sie, wird die Digitalisierung kurz-, mittel- und langfristig für Ihre aktuelle Arbeit mitbringen?

Wir haben das Online-Zugangs-Gesetz bis Ende 2022 umsetzen. Ich glaube allerdings, dass wir bis dahin möglicherweise nicht alle Dienstleistungen aus dem OZG-Katalog vorliegen haben werden. Denn zunächst müssen wir die Prozesse sehr genau aufnehmen, bevor wir sie optimieren und schließlich digitalisieren. Einen schlechten analogen Prozess zu digitalisieren ist nicht zielführend. Insofern ist Digitalisierung eine starke Prozesssteuerung, was auch große Vorteile mit sich bringt, wenn man z. B. an das Thema Wissensmanagement denkt. Mit der Prozessaufnahme wird erstmals eine Aufnahme aller Tätigkeiten in strukturierter Form erfolgen und damit ein Wissen erzeugt, dass auch gut geeignet ist, weiter gegeben zu werden.

10. Haben Sie Prioritäten gebildet, welche Prozesse Sie zuerst analysieren? Haben Sie sich Hilfe von außen geholt?

Wir haben einen IT-Planungsrat. In diesem werden wir unter der Federführung der Organisationsabteilung entscheiden, welche Top-10 oder Top-20 Dienstleistungen und dahinterliegenden Prozesse wir strukturiert erfassen wollen. Aus meiner Sicht wäre es sinnvoll, dass wir uns jemanden von außen holen, der sich ausschließlich damit beschäftigt. Denn wir haben durch das Online-Zugangs-Gesetz einerseits Zeitdruck. Zum anderen schauen externe Berater objektiver auf die Prozesse. Ich plädiere zudem dafür, aus diesen ersten Erfahrungen Muster oder Templates ableiten, mit denen wir die übrigen Prozesse erheben. Dabei müssen wir identifizieren, welche der aufgelisteten 575 Prozesse tatsächlich auf unsere Kommune zutreffen. Denn wir als kreisfreie Stadt haben z. B. andere Genehmigungsanforderungen als Kreisverwaltungen.

11. Wie gehen Sie (persönlich und/oder im Team) aktuell mit den Veränderungen durch Digitalisierung um, sofern gegeben?

Ich gehe offen an die Digitalisierung heran, unter der Einschränkung, dass nicht alles, was technisch machbar ist, auch sinnvoll und zielführend ist. Mir macht Technik Spaß, privat wie beruflich. Deshalb setze ich mich damit auch auseinander. Eine geschlossene Haltung wäre bei der Dynamik dieses Themas sicherlich kontraproduktiv.

12. Was brauchen Sie persönlich, um die digitale Transformation in Ihrem Aufgabengebiet gut zu bewältigen? Oder anders ausgedrückt: Wenn Sie einen großen Wunsch frei hätten, der Ihnen bei der digitalen Transformation in Ihrem Aufgabengebiet helfen würde, welcher wäre es?

Einen Schalter zu haben, den ich umlegen und damit den Menschen bewusst machen könnte, dass die Digitalisierung eine Herausforderung ist, die jetzt schon sehr tief greifend ist. Dass ihnen auf Knopfdruck klar würde, dass Digitalisierung kein eintägiger Trend ist, der an ihnen vorbeizieht, sondern dass sie sich darauf einstellen und damit auseinandersetzen müssen, um nicht orientierungslos zu werden. Diese Bewusstseinsbildung wünsche ich mir.

Außerdem würde ich mir wünschen, dass die Digitalisierung mit der notwendigen Ausstattung an Ressourcen verbunden ist, hinsichtlich Material und Menschen. Die technischen Lösungen werden ein Stück weit von alleine kommen. Den Rest wird man jedoch nicht nebenbei und aus der hohlen Hand erarbeiten können. Das hat man auch bei uns erkannt und in einem ersten Schritt meine Stelle eingerichtet.

13. Haben Sie eine Idee, wie man die von Ihnen genannte Bewusstseinsbildung in der Verwaltung befeuern könnte?

Man braucht ein Change Management. Das bedeutet die Begleitung bei der kompletten Veränderung der bisherigen Verwaltungsarbeit. Und dies erreicht man nur durch Information, Transparenz und Aufklärung der Menschen. Man muss ihnen demonstrieren, wie arbeitserleichternd und situationsverbessernd die Digitalisierung ist, wenn man sie diszipliniert einsetzt. Mit anderen Worten, man muss ihnen den Nutzen aufzeigen.

**Interview 3: Heiko Willmann, Fachbereichsleiter Soziales, Jugend, Schule
und Gesundheit beim Kreis Pinneberg, Führungskraft, 57 Jahre**

1. Was verstehen Sie unter Digitalisierung?

Ich fasse das Thema weit.

Es geht aus meiner Sicht um die Veränderung von Arbeitsprozessen, wobei damit nicht nur die klassischen Arbeitsprozesse gemeint sind, wie das Erstellen von Verwaltungsbescheiden. Es geht auch um die Veränderung von Führungs- und Entscheidungsprozessen. Gerade diese letzte Veränderung wird aus meiner Sicht aktuell in der Verwaltung noch sehr unterschätzt.

Was meine ich damit konkret? Business Intelligence, Big Data und Künstliche Intelligenz haben in den Kommunen starke Auswirkungen auf die Entscheidungsabläufe zwischen hauptamtlicher und ehrenamtlicher Selbstverwaltung. Momentan sind wir in einer Situation, in der die hauptamtliche Verwaltung Entscheidungswissen für Politik vorhält. Dieses Wissen wird von Fachleuten aufbereitet und anschließend den politischen Gremien zur Verfügung gestellt. Diese bewerten das Wissen, debattieren und treffen anschließend eine Entscheidung. Man kommt also z. B. zu dem Schluss, dass sich der Neubau einer Schule lohnt oder nicht bzw. dass die Förderung eines Sportvereins vernünftig ist oder auch nicht. Ich glaube, dass wir künftig mit Hilfe der vielen Informationen, im Sinne der Analyse von Big Data, Situationen schaffen, in denen Politik diese Art der Entscheidungsmöglichkeit scheinbar nicht mehr hat. Die Verarbeitung der Daten hat zur Folge, dass wir auf Verwaltungsseite Entscheidungen rationalisieren. Zum beispiel, „es gibt die Idee, eine freiwillige Jugendhilfeleistung anzubieten, in einem bestimmten Quartier oder einer bestimmten Region, aber diese Idee ist wenig zielführend, weil in diesem Umfeld nach Datenlage gar keine prekären Lagen bestehen, sondern regional an ganz anderen Orten". Damit erfolgt eine Scheinrationalisierung, die ich als besondere Herausforderung sehe. Denn je nachdem, wie man die Daten liest, auswertet und die Algorithmen gestaltet, kommt man zu verschiedenen Aussagen. Der Politik wird eine scheinbar „richtige", valide Entscheidungsmöglichkeit präsentiert. Andere, politische Werturteile lassen sich dann aber für den Politiker kaum noch öffentlich argumentieren. Vom Prinzip bleibt dann der Politik nur noch, dem Vorschlag zuzustimmen und die Umsetzung zu beauftragen. Das entspricht aber nicht dem, was im Kern kommunale Selbstverwaltung ausmacht. Wenn politische Werturteile durch scheinbar „richtige" Algorithmen vollständig überlagert würden, werden Verwaltungstechniker die Entscheidungen dominieren und das Wesen der kommunalen Selbstverwaltung aushöhlen.

Deshalb müssen wir uns auch fragen, ob es nicht andere Möglichkeiten gibt, Entscheidungswissen zu definieren. Wissen ist aus meiner Sicht im Kern das, was eingespeist wird, aus Big Data, aus künstlicher Intelligenz, gepaart mit Erfahrungswissen. Wenn wir kommunale Selbstverwaltung professionell weiterentwickeln wollen, müssen sich kommunale Entscheidungsträger in den Rat- und Kreishäusern genau mit diesen Themen beschäftigen, die weit über ethische Fragen hinausgehen. Sie sollten sich die Frage stellen, wie man als Verwaltung systematisch-strukturell dafür Sorge tragen kann, dass der Kreistag oder die Ratsversammlung am Ende nicht nur binäres Wissen zur Verfügung gestellt bekommen, sondern ein Wissen, das mit dem Erfahrungswissen aus den unterschiedlichen Bereichen gepaart ist.

Wie kann das konkret aussehen? Als eine der ersten Kommunen in Deutschland haben wir vor einigen Jahren ein Business Intelligence System angeschafft und schnell erkannt, welche großen Möglichkeiten in Big Data stecken. Weil Business Intelligence auch ein prognoseorientiertes System ist, konnten wir bei bestimmten Haushaltspositionen mit einer Wahrscheinlichkeit von 98,5 % sagen, in welchem Umfang wir während der Laufzeit unser Budget verbrauchen würden, z. B. bei einer Personalaufwandsposition mit einer Budgethöhe von 50 Millionen Euro. Für einen Kämmerer sind das wichtige Informationen. Dieses Potenzial steckt auch in anderen Bereichen. Wir haben viele Kennzahlen und Daten, wir wissen, in welchen Quartieren und Regionen wir eine große Anzahl von Alleinerziehenden haben, wir haben viele Indikatoren, und wir glauben sicher zu wissen, warum wir in bestimmten Quartieren und Regionen bestimmte Lagen haben. Und nun das Überraschende: Wir arbeiten bereits viel mit Trägern der freien Wohlfahrtsvorsorge, z. B. mit der Diakonie oder der AWO. Als ich mit diesen ins Gespräch ging, sagte man mir, dass die Träger ungeachtet unserer Daten die Situation vor Ort teilweise ganz anders erleben. Diese Diskrepanz stellt sich beispielsweise auch beim Thema Armut. Weil wir im Speckgürtel von Hamburg liegen, über gute Einkommensverhältnisse verfügen, dürften wir den Durchschnittswerten zufolge im Kreisgebiet kaum Armut haben. Die Menschen vor Ort geben aber ganz andere Rückmeldungen.

Vor diesem Hintergrund haben wir nach einem systematischen Ansatz gesucht und arbeiten nun mit den Fachplanungen im System der integrierenden, partizipativen Sozialplanung. Dazu werden zunächst Zahlen, Daten, Fakten mit dem Business Intelligence System zusammengetragen. Die entsprechenden Erkenntnisse daraus werden regelmäßig in Fokusgruppen beraten, die sich um ein bestimmtes Handlungsfeld kümmern, z. B. um das Handlungsfeld Armut. Das sieht konkret so aus, dass sich unsere Sozialplaner mit Menschen vor Ort, Trägern, oder auch privaten Pflegediensten und anderen Akteuren treffen und ihnen unsere Datenlage erläutern. Wir haben hier als Kennzahl beispielsweise die Sozialformel entwickelt und mit dem Fokusbericht 2019 zu Verfügung gestellt. Diese Kennzahl bietet dann eine gute Diskussionsgrundlage und kann anschließend gemeinsam bewertet werden. Aus den gemeinsamen Überlegungen, ob es einen Handlungsbedarf gibt und wie dieser aussehen könnte kann am Ende dieser Treffen ggf. ein Beitrag für einen Handlungsvorschlag entstehen. Der Kreistag erhält diesen dann gemeinsam mit anderen Vorschlägen aus anderen Handlungsfeldern jedes Jahr vor der Sommerpause in unserem Planungsdossier (Fokusberichte, z. B. Fokus 2019). Dies wiederholt sich in derzeit 10 Fokusgruppen, mit jeweils ein bis zwei Schwerpunktvorschlägen, sodass die Gremien des Kreises regelmäßig partizipativ entwickelte und valide Informationen erhalten. Und damit Wahlmöglichkeiten für die Entwicklung von sozialpolitischen Zielen bekommen. Im Ergebnis werden unsere Daten also mit den Erfahrungen der Menschen vor Ort abgeglichen. Politik kann das Ergebnis algorithmischer Auswertungen mit dem Erfahrungswissen der Akteure vor Ort bewerten und Handlungsspielräume definieren.

Dieses Jahr haben wir auch eine iOS-iPad-App „Fokus PI" an den Start gebracht, die unseren alljährlichen Bericht abbildet. Die Kreispolitik, Vertreter der freien Wohlfahrtsverbände, Kolleginnen und Kollegen der Gemeinden und Städte im Kreis aber auch die interessierte Bürgerschaft hat damit die Möglichkeit, sich mit den Entwicklungen der örtlichen Sozialpolitik auf Basis von Daten, Fakten und Zahlen zu beschäftigen. Immer gepaart und angereichert mit den Erkenntnissen aus den partizipativen Prozessen. Wichtig ist dabei, dass wir den Bericht vor den Sommerferien nicht einfach nur rausgeben, sondern die Handlungsempfehlungen persönlich in den Fraktionen vorstellen und auf diese Weise bei Bedarf tiefer eintauchen können. Die politischen Entscheider können sich dann alles in den Ferien anschauen und ihre Überlegungen ab September in die Haushalts-, Fach- oder Nachtragsberatungen miteinfließen lassen. Die App hat nur das Ziel, einen Impuls zu setzen, einen Fokus auf die besonders wichtigen Entwicklungen zu legen. Die näheren Informationen erläutern wir vor Ort in den Fraktionen. Digitalisierung hat nach meinem Verständnis immer etwas zu tun mit struktureller und systematischer Kommunikation. Und nicht hauptsächlich mit „wir müssen da mal eine App entwickeln oder ein neues Programm einführen". Transformation von Steuerungsprozessen unter Berücksichtigung der Digitalisierung bedeutet für mich, neue technische Formate systematisch mit Kommunikationsmethoden zu verknüpfen.

2. Was verbinden Sie mit Digitalisierung in der öffentlichen Verwaltung?

Es wird aus meiner Sicht zu wenig verarbeitet von dem, was in politischen Zielsetzungen gesagt wird. Die meisten Länder verfügen mittlerweile über gesetzliche eGovernment-Regelungen. Die Umsetzung dieses Themas erfolgt in den Verwaltungen nach meinem Eindruck in den meisten Fällen eher traditionell, so wie wir es in den Verwaltungshochschulen gelernt haben.

Typisch ist der Weg „wir bilden zunächst einmal eine Stabsstelle, um das Thema zu fassen. Und dann schauen wir, was wir so machen können. Auch, Reisekostenverfahren zu digitalisieren ist ein guter Weg. Und eine digitale Karte für die Bürgerinnen und Bürger erstellen". Dieses Vorgehen ist sicher besser als nichts zu tun, vernachlässigt aber häufig die aus meiner Sicht wichtigeren Aspekte der Digitalisierung. Denn Digitalisierung ist mehr als die Einführung von Programmen. Das haben wir in den Neunzehnhundertachtzigern auch schon gemacht. Auch auf den EGovernment-Kongressen dreht sich vieles um die gesetzlichen Anforderungen, z. B. das OZG und wie wir daran arbeiten müssen. Das ist okay. Es vernachlässigt aber die vielen Chancen, die sich für eine moderne Verwaltung anhand der Digitalisierung ergeben könnten. Intelligente Systeme und andere digitale Möglichkeiten werden mehr und mehr unsere Verwaltungswelt prägen. Arbeitsprozesse werden teilweise enorm vereinfacht. Das wird an einigen Stellen Zeitersparnis bedeuten. Aber auch die Arbeitsplätze in der Verwaltung verändern. Die internetbasierte Zulassung von Kraftfahrzeugen wird die Arbeitsweise in der Zulassungsstelle komplett verändern. Es wird somit wohl an vielen Stellen weniger Kontakt zu unseren Kundinnen und Kunden geben. Das ist zwar auf der einen Seite traurig, aber doch auch eine Riesenchance für mehr persönlichen Kontakt bei weniger Kundinnen und Kunden. Für mehr persönliche Betreuung von Kundinnen und Kunden, dort wo es notwendig ist und für mehr Qualitätsprodukte in der Verwaltung. Dieses Potenzial zu heben, das verbinde ich persönlich mit der Digitalisierung der Verwaltung!

Oder auch z. B. das Thema Partizipation, die Auseinandersetzung mit diesen Chancen sehe ich in der öffentlichen Verwaltung noch nicht. Das ist relativ ernüchternd. Den Grund hierfür sehe ich darin, dass wir zwar oft genug darüber reden, aber so, ob wir dafür nicht selbst verantwortlich sind. Aus meiner Sicht müssen wir uns da schon selbst handwerklich drum kümmern. Im Zusammenhang mit der veränderten digitalen Partizipation z. B. müssen wir die Fragen beantworten, was das denn für die kommunale Selbstverwaltung und die Politik konkret bedeutet. E-Voting, Wahl-o-Mat, digitale Bürgerbefragung sind neue Formate. Wie kann es uns als Verwaltung gelingen, dass Verwaltung und Politik beispielsweise das Thema digitale Partizipation nicht als angstmachend, sondern als förderlich wahrnimmt? Es ist auch unsere Kompetenz, Antworten auf die Fragen zu finden, wie man z. B. die digitale Partizipation mit dem Haushalt verbindet, mit kommunalpolitischen Stoßrichtungen und Zielen. Ich sehe in der Verwaltung viel von: „wir könnten" und „wir müssten", aber es fehlt die Konzentration auf: „Und wie machen wir das nun?". Wir haben, mit anderen Worten, ein Bewusstsein, aber es fehlt uns an der

konkreten Umsetzung. Deshalb ist die Ausbildung von Moderations- und Kommu-
nikationstechniken sowie konzeptionellen Fähigkeiten, bei denen es darum geht,
Zustimmung zu erreichen, mindestens genauso wichtig wie die traditionelle Ausbildung darin, sachlich abgewogene Dienstleistungen auftragsgemäß und recht-
mäßig zu erstellen. Aber diese Erkenntnis herrscht nach meiner Erfahrung noch
nicht überall vor.

3. Wie erleben Sie den Digitalisierungsprozess in Ihrem Haus?

Das Thema ist im Hause Chefsache. Wir haben an vielen Stellen Arbeitsprozesse
digitalisiert. Das Interesse von Politik und Verwaltung gleichermaßen ist, die Kolleginnen und Kollegen für das Thema zu gewinnen. Digitalisierung wird standard-
mäßig und regelmäßig in den Turnusbesprechungen der höchsten Führungsebenen
und auch in den politischen Gremien aufgerufen. Es gibt Großveranstaltungen mit
Eventcharakter zum Thema mit allen Beschäftigten. Wir benennen regelmäßig die
Vorteile der Digitalisierung und machen sie positiv erlebbar. Beispiele sind das
mobile Arbeiten oder auch das Home-Office. Im Bereich der Sozialplanung haben
wir einen digitalen Quantensprung gemacht. Die App ist aber letztlich nur ein
Spielzeug. Viel wichtiger ist der Prozess, der dahinter liegt, auch wenn ich gern
zugebe, dass die App ein gutes Werbeinstrument ist.

4. Was an der Digitalisierung reizt Sie? Was daran finden Sie positiv?

Die Digitalisierung bietet die große Chance, die Verwaltung weiter zu modernisieren. Sie kann ein Katalysator sein für mehr Transparenz, Offenheit, Schnelligkeit
und auch einen leichteren Zugang für Zielgruppe wie Behinderte oder ältere Menschen. Das macht mir viel Freude.

5. Was an der Digitalisierung sorgt Sie?

Ich sehe viele Menschen in der Verwaltung, bei denen die Digitalisierung an die
Grenze der
    Überforderung geht. Wir haben eine alternde Verwaltung. Und Digitalisierung
macht Angst.
    Digitale Prozesse und die Einführung eines neuen Programms sind für viele
Kolleginnen und
    Kollegen gerade noch erträglich. Aber wenn ich mit den anderen Möglichkeiten
und

Erfordernissen komme bzw. von einem neuen Denken erzähle, dann ist für viele Menschen in der Verwaltung nicht mehr die, für die sie ins Rathaus oder Kreishaus gegangen sind. Aus meiner Sicht brauchen wir einen Spirit von „New Economy", mit dem wir die Menschen begeistern und die Bürger und Bürgerinnen, die Ratsversammlung und die Kreistage dafür gewinnen, die Möglichkeiten der Digitalisierung zum Nutzen für unsere Region ins Laufen zu bringen.

6. Welche Veränderungen, glauben Sie, wird die Digitalisierung kurz-, mittel- und langfristig für Ihre aktuelle Arbeit mitbringen?

Kurzfristig: Manche der Arbeitsprozesse werden viel leichter, z. B. die Reisekostenabrechnung. Außerdem nutzen wir bereits heute die Arbeitsmöglichkeiten von Telearbeit, Home-Office und Desksharing. Hier sammeln wir Erkenntnisse und versuchen auch, unsere internen Kommunikationsprozesse anzupassen. Gerade wenn Mitarbeiter nicht im Haus sind, müssen wir dennoch einen Austausch sicherstellen. Hier experimentieren wir bereits mit Videokonferenzen und anderen Formaten. Wir arbeiten bereits mit verschiedensten Endgeräten, wie ThinClients, iPads und Notebooks. Unser IT Dienstleiter kommunit bietet uns hier eine hervorragende Basisinfrastruktur, die es uns ermöglicht von überall zu arbeiten. So werden digitale Akten ortsungebunden nutzbar.

Mittelfristig werden wir mehr Prognoseorientierung im Haushalt erleben. Denn da wir mehr

Informationen durch Business Intelligence bekommen, werden sich das Berichtswesen und die Haushaltsentwickelung sehr verändern und mehr ad hoc Vorhersagen enthalten. Wir werden also nicht mehr auf das Jahresergebnis warten müssen, sondern bereits unterjährig ziemlich sichere Informationen darüber haben, wo wir am Ende des Jahres stehen. Das wird die unterjährige Haushaltssteuerung deutlich verändern. Außerdem kann ich mir vorstellen, dass auch Themen wie ChatBot Systeme als ergänzende Beratung nutzbar gemacht werden. Hier hat das Land Schleswig-Holstein bereits ein erstes Modellprojekt im Integrationsamt gestartet. Langfristig, d. h. innerhalb der nächsten 7–9 Jahre, werden wir erste automatisierte, auch (scheinbar) komplexer Verwaltungsvorgänge haben, z. B. die automatisierte Verarbeitung von Ausschreibungen oder die Antragsbearbeitung im Sozialbereich.

7. Wie gehen Sie persönlich und/oder im Team aktuell mit den Veränderungen durch Digitalisierung um?

Ich lasse keine Gelegenheit aus, auch die Kollegen einzuladen, sich mit dem Thema zu beschäftigen. Wenn es einen Kongress gibt, lade ich auch Leute aus meinem Führungsteam dazu ein, nicht nur zum offiziellen Programm, sondern auch zu den abendlichen Austauschen. Ich möchte die Kollegen gewinnen, nicht durch Appelle oder Predigten, sondern dadurch, dass ich die Digitalisierung spürbar und erfahrbar mache. Vor fünf Wochen hatten wir einen Digital-Tag, für den die ganze Verwaltung geschlossen wurde. Wir haben einen Speaker eingeladen, Roboter laufen lassen, Drohnen gezeigt und verschiedene Programme. Das kam super an und hat Spaß gemacht. Solche Events sind Kleinigkeiten, von denen ich mir zwar nicht den großen Push erwarte. Aber ich glaube, dass sich einige Leute anschließend sagen „das finde ich interessant" und insgesamt offener werden.

8. **Was brauchen Sie persönlich, um die digitale Transformation in Ihrem Aufgabengebiet gut zu bewältigen? Oder anders ausgedrückt: Wenn Sie einen großen Wunsch frei hätten, der Ihnen bei der digitalen Transformation in Ihrem Aufgabengebiet helfen würde, welcher wäre es?**

Ich glaube, wir sind hier auf einem recht guten Weg. Ich bemühe mich um Offenheit, digitale

Zugewandtheit und wünsche mir manchmal noch mehr Mut für ein unkonventionelles

inspirierendes Arbeiten. Mir ist wichtig, dass sich mein Führungsteam vernetzt und das sie

geschützte Räume haben, wo man spinnen, weiterdenken und Netzwerkarbeit betreiben kann.

Denn gerade diese Netzwerkarbeit ist enorm wichtig, auch für mich. Ohne sie könnte ich das

Thema Digitalisierung nicht so bearbeiten wie ich es jetzt tue.

Interview 4: Andreas Feldmann, Leiter Fachbereich Steuerungsunterstützung und Service bei der Stadt Dreieich, 56 Jahre

1. **Was verstehen Sie unter Digitalisierung?**

Digitalisierung im beruflichen Kontext bedeutet für mich die Transformation von Arbeitsprozessen von der analogen in die digitale Welt sowie die Eröffnung neuer Arbeitshorizonte. Jenseits des beruflichen Bereichs spielt sich Digitalisierung auch in anderen Bereichen ab, beispielsweise im Privatleben oder im Rahmen der Gesundheitstransformation.

2. Was verbinden Sie mit Digitalisierung in der öffentlichen Verwaltung?

Veränderung. Digitalisierung ist nach dem Neuen Steuerungsmodell das nächste große Thema, mit dem wir uns beschäftigen und das gravierende Veränderungen mit sich bringen wird. Unser Arbeitsverhalten wird sich vollständig verändern. Die Grenzen zwischen beruflichem und privatem Leben werden deutlich fließender, wenn nicht entsprechende Regeln geschaffen werden. Diesen letzten Aspekt vergessen viele. Außerdem ändert sich der Umgang mit der Technik. Sie wird allgegenwärtig und selbstverständlich, man lebt einfach mit ihr. Und schließlich werden die Kosten steigen, infolge notwendiger Investitionen.

3. Wie erleben Sie den Digitalisierungsprozess in Ihrem Haus?

Wenn eine Verwaltung keine ausreichende technische Grundlage geschaffen hat, muss zunächst in diese Grundlage investiert werden. Dies führt zu höheren Kosten. Die Politik hört diesen Aspekt nicht gerne. Sie möchte vielmehr wissen, wann sich die Software amortisiert hat, was Verwaltung ihrerseits nicht deutlich darstellen kann. Konkret: Wir haben ca. 650 Mitarbeiter im Haus, sind also eine kleinere Verwaltung. Je kleiner die Kommune, desto weniger Möglichkeiten gibt es, durch Digitalisierung Stellen abzubauen. Denn anders als in den großen Verwaltungen haben wir z. B. nicht 20 Mitarbeiter, die Wohngeldsachbearbeitung machen, sondern oft nur einen einzigen, der neben dieser Aufgabe noch weitere Tätigkeiten ausübt. Wird seine Arbeit durch Digitalisierung weniger, wird er jedoch sicherlich nicht freiwillig seine Arbeitszeit verkürzen, um Personalkosten für die Verwaltung zu sparen.

4. Was an der Digitalisierung reizt Sie? Was daran finden Sie positiv?

Ich finde an ihr positiv, dass sie unser Arbeitsverhalten verändert. Sie zwingt uns, uns nicht in Gleichförmigkeit zu verlieren. Sie gibt einen Impuls für Veränderungsprozesse, für schnelleres und flexibleres Arbeiten, mit dem sich viele von uns derzeit noch schwertun. Vielleicht stirbt dann irgendwann auch mal der Satz aus „das haben wir schon immer so gemacht".

5. Was an der Digitalisierung stört oder sorgt Sie?

Es stört mich, dass sie als ein Heilmittel betrachtet wird. Es herrscht das Motto „Wir kaufen eine Software und dann wird das schon". Dem ist aber beileibe nicht so. Denn meiner Erfahrung nach muss man mit Hilfe der Organisations- und

Personalentwicklung die Mitarbeiter auf die Digitalisierung vorbereiten und sie qualifizieren. Die Mitarbeiter müssen die neue Technik verstehen und mit ihren Möglichkeiten zurechtkommen; denn die Software kann häufig mehr, als man im Arbeitsbereich glaubt zu brauchen. Dieser Aspekt kommt häufig zu kurz. Einen solchen „Hype" hatten wir auch beim Neuen Steuerungsmodell, bei dem viele sagten „jetzt wird alles besser". Am Ende ist vieles besser geworden, aber es hat Jahre gebraucht und manchmal haben wir uns auch in Sackgassen manövriert, aus denen nur schwer wieder heraus zu kommen war.

6. **Welche Veränderungen, glauben Sie, wird die Digitalisierung kurz-, mittel- und langfristig für Ihre aktuelle Arbeit mitbringen?**

Die kurzfristige Veränderung habe ich schon hinter mir. Ich arbeite digital und mobil. Mobiles Arbeiten wird kurzfristig auch bei anderen deutlich befördert. Mittelfristig werden die Prozesse aus meiner Sicht zunehmend digitaler abgewickelt und andere Techniken werden eingesetzt werden. Langfristig werden die Prozesse deutlich schneller abgewickelt werden können. Wenn man dann nicht aufpasst, wird das Menschliche zu kurz kommen. Denn es ist ein relativ häufiges Phänomen, dass man im Büro nebenan sitzt und sich eine E-Mail schickt, statt miteinander zu reden. Gerade die kommunikative Seite zwischen den Menschen könnte leiden.

7. **Wie gehen Sie (persönlich und/oder im Team) aktuell mit den Veränderungen durch Digitalisierung um, sofern gegeben?**

Ich bin relativ neu auf meiner Stelle. Zuvor wurde eine Digitalisierungsstrategie in Auftrag gegeben und von einem externen Unternehmen erstellt. Dann wurde gewartet, bis meine Stelle besetzt wurde und ich mich mit dem Thema beschäftige. Leider sind wir technisch ca. 7 Jahre zurück. Wir haben noch kein ausreichendes technisches Fundament, um die Digitalisierung effektiv voranzutreiben. Was mobiles Arbeiten angeht, sind wir beispielsweise noch auf dem Niveau aus dem Jahr 2005. Auf meiner vorherigen Position, auch im öffentlichen Dienst, war es völlig normal, mobil zu arbeiten. Hier sind es nur eine Handvoll Mitarbeiter, die dies tun.

Mobil Arbeiten bedeutet für mich „Arbeiten an jedem Ort der Welt zu jedem Zeitpunkt" mit der entsprechenden Technik. Dabei ist es egal, ob mobile Arbeit im Büro, im Park oder am Strand stattfindet. Bei uns gab es vor kurzem eine Abfrage, bei der die Fachbereichsleiter angaben, dass im Durchschnitt ca. 70 % der Mitarbeiter in der Kernverwaltung mobil arbeiten könnten. Sie tun es bislang aber nicht, weil sie sich nicht damit beschäftigen und eine eher „traditionelle" Haltung haben. Wir durchlaufen aktuell einen Paradigmenwechsel. Auch die Führungskräfte sind diesbezüglich unterschiedlich aufgestellt. Die eine Gruppe der Führungskräfte hat ihre Schäfchen immer gerne um sich, andere sind bei mobiler Führung stressfrei und entspannt.

8. **Was brauchen Sie persönlich, um die digitale Transformation in Ihrem Aufgabengebiet gut zu bewältigen? Oder anders ausgedrückt: Wenn Sie einen großen Wunsch frei hätten, der Ihnen bei der digitalen Transformation in Ihrem Aufgabengebiet helfen würde, welcher wäre es?**

Mir würde Geld für neue Technik und für die Qualifizierung der Mitarbeiter helfen. Und mir würde die Bereitschaft helfen, neue Wege zu gehen. Dass die Menschen etwas ausprobieren und keine Bedenken tragen. Dass auch mal etwas schiefgehen darf. Ich spreche also von Experimentierfreude und Fehlerkultur. Diese lässt sich nur durch Vorleben aufbauen, indem man Projekte anpackt und klar sagt, dass sie nicht immer perfekt ausgehen können, auch wenn die Menschen der Verwaltung dies so gerne hätten. Wir müssen akzeptieren, dass auch Fehler dazu da sind, daraus zu lernen. Insbesondere die Führungskräfte müssen dies lernen. Denn ansonsten läuft man Gefahr, sich wieder in Sackgassen zu manövrieren. Wenn man Softwaresysteme einführt, dann neigt Verwaltung beispielsweise dazu, sich sehr schwer wieder davon zu trennen, auch wenn sie nicht gut funktionieren. Dies geschieht aus Angst, dass der Ausstieg zu teuer ist oder, weil man sich daran gewöhnt hat. Die Stadt München hat sich vor 10 Jahren von Microsoft verabschiedet. Ich habe mich gewundert, dass eine Großstadt dies überhaupt schafft, denn es ist eine seltene Entscheidung. Ein anderes Beispiel ist das bei uns führende Softwaresystem. Sollten wir feststellen, dass es ein anderes System gibt, das günstiger ist und besser arbeitet, würde es dennoch vermutlich eine jahrelange Diskussion darüber geben, ob es abgelöst wird. Denn viele müssten sich dann von einem lieb gewordenen System verabschieden und mit der Befürchtung umgehen, dass das neue System nicht mehr das kann, was das Bisherige kann.

Interview 5: Björn Fischer, Koordinator für Digitalisierung, Strategische Steuerungsunterstützung Beteiligung bei der Stadt Konstanz, Mitarbeiter, 32 Jahre

1. **Was verstehen Sie unter Digitalisierung?**

Ich verstehe unter Digitalisierung, dass analoge Themen in digitale Formate übersetzt werden, mit denen anschließend gearbeitet wird. Digitalisierung gibt es dabei schon lange. Allerdings hat sie jetzt Dimension angenommen, in der sie jeder unmittelbar spürt. Sie wird zu einem Mega-Trend, die große Auswirkungen auf die Zukunft haben wird.

2. Was verbinden Sie mit Digitalisierung in der öffentlichen Verwaltung?

Ich denke zunächst an „staubige" Akten, die in Zukunft in elektronischer Form geführt werden. Darüber hinaus sehe ich eine Verstärkung der Kundenorientierung, auch wenn der Begriff nicht ganz stimmig ist. Ein städtischer Kunde ist nicht nur Kunde, wie das Thema „Knöllchen" deutlich macht. Insofern möchte ich von Dienstleistungs- und Serviceorientierung sprechen, die beide in der Verwaltung bislang nicht so stark ausgeprägt waren, wie im Vergleich zur Wirtschaft. Mit der Digitalisierung rückt der Endnutzer in den Fokus, der einen Mehrwert erhält.

3. Wie erleben Sie den Digitalisierungsprozess in Ihrem Haus?

Sehr unterschiedlich. Digitalisierung ist keine „One-Man-Show". Vielmehr geht es darum, die Themen gemeinsam anzugehen. Bei uns gibt es ein Grundverständnis darüber, jeder spürt die Veränderung am eigenen Leib. Unsere Stadtgesellschaft, Hochschulen und Wirtschaftsunternehmen vor Ort haben verschiedene Ansprüche, welche an die Verwaltung gerichtet werden. Diese Ansprüche bilden die Rahmenbedingungen, sie definieren unsere Standortanalyse. Anschließend muss der Blick wieder nach innen in die Verwaltung gerichtet werden und das Thema zwischen den verschiedenen Managementthemen der Verwaltung eingeordnet werden.

4. Was an der Digitalisierung reizt Sie? Was daran finden Sie positiv?

Mich persönlich reizt es, an einem Thema arbeiten zu können, bei dem ich gestalten kann, und zwar nach europäischen Freiheitsrechten und Werten, die ich vertreten und beschützen möchte. Denn die Gestaltung der Digitalisierung hat ja auch eine sehr kritische Seite. In den USA ist sie sehr wirtschaftsgetrieben, in China tauchen noch ganz andere Dimensionen auf. Dort bedeutet Digitalisierung auch Steuerung und Kontrolle der Bevölkerung.

Außerdem habe ich die Motivation, etwas für die Stadt zu tun, in der ich geboren bin. Ich möchte sie verändern, gestalten, entwickeln. Und sie für kommenden Herausforderungen aufstellen. Ziel ist es die Lebensqualität in Konstanz auch in Zukunft hoch zu halten. Dies ist z. B. der demografische Wandel. Es gibt in Zukunft viele Stellen, die nicht besetzt werden können, in der Verwaltung und im Stadtgebiet, weil es schwer ist, Nachwuchs zu finden. Außerdem ist da noch das Thema Wirtschaftlichkeit und Nachhaltigkeit.

5. Was an der Digitalisierung stört oder sorgt Sie?

Wenn ich an China und die USA denke, mache ich mir Sorgen über den Datenschutz. Außerdem denke ich über die möglichen Auswirkungen nach, die Künstliche Intelligenz mit sich bringen wird. Sie sorgen mich, weil ich sehe, in welche Richtung sie gehen können. In welche Richtung wird sich die Blockchain-Technologie entwickeln? Allgemein sagt man ja, dass alles digitalisiert wird, was man digitalisieren kann.

Außerdem frage ich mich, wie sich die Digitalisierung auf die Wohlstandssicherung in Deutschland auswirken wird. Wie sehen die Arbeitsplätze der Zukunft aus? Welche Rolle hat die Bundesrepublik Deutschland überhaupt noch in der globalisierten Welt? Wir sind bekannt für Ingenieurskunst in der Automobile- und Maschinenbauindustrie. Bis auf SAP findet sich aber kein deutsches Unternehmen mehr unter den Top 100 der größten börsennotierten Unternehmen (nach Marktkapitalisierung) der Welt. Ich frage mich, ob wir bei dieser (geringen) Bedeutung überhaupt noch eine gestalterische Rolle in der Welt einnehmen können. Es wird wichtig sein, hier nicht den Anschluss zu verlieren.

6. Welche Veränderungen, glauben Sie, wird die Digitalisierung kurz-, mittel- und langfristig für Ihre aktuelle Arbeit mitbringen?

Kurzfristig ist die Digitalisierung ein Weckruf. Die Verwaltung hat seit Jahrzehnten wenig Veränderung in ihrer Substanz erfahren. Viele der Mitarbeitenden bekommen jetzt ein Gespür, dass etwas passiert, haben positive oder negative Gefühle. Deshalb muss viel aufgeklärt und darüber gesprochen werden. Und das Kind muss beim Namen genannt werden.

Mittel- und Langfristig stellen sich für mich Fragen nach der Arbeit 4.0. Werden wir künftig noch Mails schreiben oder arbeiten wir sprachgesteuert mit Sprachassistenzen? Außerdem wird es deutlich mehr kolloborative Arbeitsformen geben. Die Digitalisierung benötigt Menschen quer durch die Verwaltung. Wir dürfen nicht länger in Silos denken. Es wird kollobarative Plattformen geben, wie z. B. Mikrosoft Team, zum Teil mit künstlicher Intelligenz. Die Programme erkennen, dass ein Kollege gerade am selben Thema arbeitet und bilden Verknüpfungen. Ich glaube, dass hier noch viel passieren wird, auch in Zusammenhang mit Co-Working-Spaces oder Home-Office.

7. **Wie gehen Sie (persönlich und/oder im Team) aktuell mit den Veränderungen durch Digitalisierung um, sofern gegeben? Welche Haltung haben Sie dazu?**

Ich bin sehr offen und von Grund auf ein Optimist. Während meiner Arbeit muss ich oft auch ein Zweckoptimist sein, weil ich sonst handlungsunfähig werde. Meine Arbeit lebt davon, dass ich mit Menschen über das Thema zu sprechen. Die Kommunikation ist ein hoher Erfolgsfaktor für die Digitalisierung. Sie wird allerdings in der heutigen Zeit immer schwieriger. Denn wir leben in einer Wissensgesellschaft, in der sich mittlerweile das Wissen weltweit alle zwei Jahre verdoppelt. Die Aufnahmefähigkeit einer jeden Person ist aber begrenzt. Deshalb ist es sehr wichtig, genau zu überlegen, wie und auf welchen Kanälen man künftig kommuniziert. Ich glaube, dass die Menschen mehr abgeholt werden müssen, dass es wichtig ist, auf ihre Bedenken und Ängste einzugehen.

8. **Was brauchen Sie persönlich, um die digitale Transformation in Ihrem Aufgabengebiet gut zu bewältigen? Oder anders ausgedrückt: Wenn Sie einen großen Wunsch frei hätten, der Ihnen bei der digitalen Transformation in Ihrem Aufgabengebiet helfen würde, welcher wäre es?**

Was ich mir wünsche ist eine innere Haltung aller Beteiligten, die ihnen sagt, sich nicht von der Technologie treiben zu lassen. Sie soll ihnen eher sagen, dass wir eine gestalterische Position einnehmen können. Es ist mir wirklich ein Herzenswunsch, dass alle sich dem Thema stellen und die Möglichkeiten nutzen, die damit verbunden sind. Städte haben so viele Herausforderungen, wie den demografischen Wandel, die soziale Spaltung, Zuwanderung, Umweltkrise, Nachhaltigkeit, Investitionen in die Daseinsvorsorge und die Wettbewerbsfähigkeit. Diese Herausforderungen hängen zusammen und müssen ganzheitlich in Blick genommen werden. Und dabei hilft die Digitalisierung.

Interview 6: Projektkoordinator im Bereich Organisation/IT in einer Kommune in NRW, 32 Jahre

1. **Was verstehen Sie unter Digitalisierung?**

Für mich heißt Digitalisierung nicht, die analoge Welt eins zu eins in die digitale Welt zu überführen. Digitalisierung ist so viel mehr. Sie bietet neue Chancen und Möglichkeiten, die in der analogen Welt nicht möglich sind. Die Kehrseite der Digitalisierung sind neue Aspekte und Pflichten, die man in der analogen Welt bislang nicht beachten musste oder schlicht nicht beachtet hat.

2. Was verbinden Sie mit Digitalisierung in der öffentlichen Verwaltung?

Ich verbinde damit Rückständigkeit und viele Ängste in der Mitarbeiterschaft, quer durch alle Bereiche. Bei manchem ist es der Vorbehalt, dass Wissen Macht ist und man dieses bei sich behalten möchte. Aus einem Säulendenken heraus ergibt sich die Befürchtung, dass mit Digitalisierung alles transparenter wird, dass man nicht mehr den Wissensvorsprung vor den anderen hat oder sich durch die Digitalisierung Ressourceneinsätze verschieben. Es gibt auch die Vorstellung, unter Umständen weniger wert zu sein, wenn die Abteilung nicht mehr 10, sondern 5 Mitarbeiter hat. Diese Vorbehalte werden zwar nicht offen ausgesprochen, aber wir bekommen sie unterschwellig mit.

Gleichzeitig verbinde ich mit der Digitalisierung auch viele Chancen. Gerade in der öffentlichen Verwaltung gibt es viele Potenziale, die mit Hilfe der Digitalisierung noch gehoben werden können. Verwaltung will grundsätzlich Leistungen für Menschen erbringen. Das Zwischenmenschliche, das für diese (Dienst-)Leistungen wichtig ist, kommt heute oftmals zu kurz, weil man viele Ressourcen für die Ausübung von Standardaufgaben einsetzen muss. Durch die Digitalisierung kann man sich ein Stück von diesen Standardaufgaben lösen. Diese Loslösung erfolgt dabei nicht mit dem Ziel Personal einzusparen, sondern Personal mit anderen Dingen zu beschäftigen, insbesondere mit kreativen, wertschöpfenden und zwischenmenschlichen Aufgaben. Die großen Sprünge in der Verwaltung werden aus meine Sicht also auf der zwischenmenschlichen und kreativen Ebene vollbracht werden, durch die Mehrwerte entstehen, und nicht bei der Abwicklung eines Vorgangs nach Schema F. Denn letzteres kann die IT im Zweifelsfall besser als Menschen, auch schon heute.

Wenn ein Mitarbeiter z. B. gemeinsam mit einem Bürger ein Formular ausfüllt und händisch Daten einträgt, ist dieser Vorgang fehleranfälliger als ein digitaler Prozess. Beim digitalen Prozess wird zum einen nichts vergessen und Eintragungen können zum anderen aus gepflegten Datenbanken erfolgen. Straßennamen werden auf diese Weise einheitlich geschrieben und nicht so unterschiedlich, wie es bei der händischen Eingabe oftmals der Fall ist.

3. Wird es aus Ihrer Sicht auch im Rahmen von Stellenbesetzungsverfahren KI geben, welche die Personalauswahl objektiver macht?

Meiner Erfahrung nach steht das, was man traditionell unter KI versteht, gar nicht mehr im Vordergrund, nämlich das selbstständige und selbstlernende Denken von IT. Unter KI versteht man heute eher, dass Sachverhalte nach einem bestimmten, programmierbaren, auch durchaus komplexen Schema ausgewertet werden können.

Wenn man dieses Verständnis auf die Stellenbesetzung anwendet, kann z. B. die Vorauswahl durch IT-Lösungen wahrgenommen werden, vorausgesetzt, sie läuft nach einem bestimmten Schema ab. Die Letztauswahl wird jedoch durch Menschen erfolgen. Schließlich hängt die Auswahl nicht nur von Zeugnissen, Studienwahl und Schwerpunkten ab. Sie hängt auch von einem nicht-objektivierbaren Bereich ab, wie z. B. der Frage, wie eine Person tickt, welche Haltung sie hat, welche Vorstellung sie von der öffentlichen Verwaltung und der genauen Tätigkeit hat. Ich glaube deshalb, dass nur die Vorauswahl bei klaren Kriterien in der nächsten Zukunft durch Technik ersetzt werden kann. Damit ergibt sich mehr Zeit für das Persönliche, das auch beim Stellenbesetzungsverfahren heute zu kurz kommt, für die Qualität gerade auch des Verwaltungshandelns der Zukunft von besonderer Bedeutung ist.

4. Wie erleben Sie den Digitalisierungsprozess in Ihrem Haus?

Es sind viele Grundlagen noch nicht geschaffen. Ich merke es daran, dass wir uns ein Thema herausnehmen, es uns anschauen und realisieren wollen; das für sich betrachtet ist schon viel Arbeit. Aber leider fehlen uns Grundlagen und Anschlusspunkte, die wir für unsere Arbeit benötigen, sei es seitens des Gesetzgebers, seien es interne Regelungen, seien es bestimmte technische Aspekte, die noch nicht realisiert sind. Es fehlen auch übergeordnete Digitalisierungsstrategien oder anders ausgedrückt, es fehlt uns eine digitale Vision, nach der wir unsere Arbeiten auf niedrigerer Ebene ausrichten können.

Außerdem fehlt bei den Mitarbeitenden eine digitale Haltung. Und selbst auf der oberen Führungsebene existieren Vorbehalte. Diese sind zwar etwas anders als auf Sachbearbeiterebene, aber auch auf dieser Ebene herrscht eine gewisse Zurückhaltung. Man möchte sich keine Probleme oder Zusatzarbeit aufhalsen oder hat Scheu vor neuen Dingen und Veränderungen. Diese Scheu gibt es zwar in allen Unternehmen, besonders aber in der öffentlichen Verwaltung.

Es werden digitale Fragen problematisiert, die auch in der analogen Welt ein Problem darstellen; aber erst, wenn die IT dazukommt, werden sie zu „dem" Problem auserkoren. Und kommt die IT, wird eine 100 %tige Lösung verlangt; gibt es nur eine 90 %tige Lösung, lehnt man sie komplett ab und bleibt bei der 40 %tigen, analogen Lösung. Ich habe den Eindruck, dass es dabei oft gar nicht um das eigentliche Sachthema geht. Die ablehnende Haltung ist vorgeschoben und wurzelt in der eigenen Unsicherheit vor Technik. Oder sie geht darauf zurück, dass man nicht ausreichend durchsetzungsstark im eigenen Bereich ist und sich von den eigenen Mitarbeitern in eine bestimmte Richtung drängen lässt. Deshalb brauchen wir gerade auf Führungsebene Managerqualitäten, d. h. die Fähigkeit, Dinge voranzutreiben und trotz der Widerstände führungsstark voranzugehen. Diese Fähigkeiten sind bei uns noch nicht so stark ausgeprägt. Im Laufe der Zeit haben sich dabei einige einprägsame Zitate ergeben, darunter auch der Satz „ich weiß gar nicht, was ich entscheiden soll". Aber genau dafür erhalten Führungskräfte in der öffentlichen Verwaltung doch ein höheres Gehalt. Es ist ihre Aufgabe Entscheidungen unter Unsicherheit zu treffen und sich nicht doppelt und dreifach abzusichern und den Prozess zu erschweren. Zumal Entscheidungen immer von Unsicherheiten geprägt sind. Genau deswegen muss man ja entscheiden. Andernfalls könnte auch hier eine technologische Lösung diese Aufgabe übernehmen. Zudem sind analoge Prozesse oftmals auch unsicher. Warum bleiben sie dann bei der 40 %tigen Lösung?

5. Was an der Digitalisierung reizt Sie? Was daran finden Sie positiv?

Ich bin trotz anderer, sicherlich lukrativerer Möglichkeiten bewusst zur Kommunalverwaltung gegangen, weil ich etwas dazu beitragen möchte, dass es in den Kommunen vor Ort besser läuft. Diesen Ansatzpunkt verfolge ich auch mit der Digitalisierung. Ich glaube, dass mit ihr viele Chancen verbunden sind, gerade auch bei knappen Finanzmitteln und einem schwierigen Arbeitsmarkt für öffentliche Arbeitgeber. Auch zwischenmenschlich erschließen sich mit der Digitalisierung neue Möglichkeiten. Allerdings muss man die Digitalisierung, die einen Gedankenwechsel bzw. eine komplett andere Herangehensweise beinhaltet, aktiv bespielen und vorangehen. Für dieses Ziel stelle ich mich auch gerne als Prellbock zur Verfügung und halte den Unmut der anderen aus.

6. Was an der Digitalisierung stört oder sorgt Sie?

Die Digitalisierung selbst stört mich nicht. Es stört mich nur, wie man damit umgeht bzw. was man aus ihr macht.

Wenn Menschen glauben, dass wir im Rahmen der Digitalisierung die analoge Welt einfach nur eins zu eins umsetzen, dann wird das aus meiner Sicht eher Probleme hervorrufen. Denn wenn man einen schlechten Prozess digitalisiert, hat man am Ende einen schlechten digitalen Prozess. Darüber hinaus kann es sein, dass in der analogen Welt ein Prozess gut ist, er in der digitalisierten Welt aber deutlich besser sein könnte. Ebenso kann es sein, dass ein Prozess in der digitalisierten Welt an der einen oder anderen Stelle ein Stück komplexer ist, weil es in der digitalen Welt bestimmte Bedarfe gibt, die in der analogen Welt bislang nicht gibt. Zentral für die Digitalisierung ist deshalb ein gutes Prozessmanagement.

Die zweite Gefahr, die ich sehe, ist das Denken in „klein-klein". Es werden Einzelaspekte bearbeitet, ohne eine Gesamtvorstellung zu haben, mit der Folge, dass aneinander vorbei koordiniert wird. Diese Gefahr sehe ich auch beim Gesetz-geber, der eine Reihe von Zusammenhängen nicht berücksichtigt. Das Online-Zugangs-Gesetz ist aus meiner Sicht nur eine Maske, eine Art Feigenblatt für den Bürger nach außen, mit dem der Schein gewahrt bleibt. Unberücksichtigt bleibt, dass der Prozess hinter den Leistungen weitergehen sollte, weshalb der 31.12.2022 aus meiner Sicht auch zeitlich kaum zu halten ist. Die eigentliche Vision ist, dass sich der Bürger an einer Stelle anmeldet und alle Leistungen von dort aufruft. We-gen unterschiedlicher Fachverfahren wird man aktuell jedoch zu weiteren Portalen geleitet, für die man sich noch weiter anmelden muss und im Zweifelsfall noch eine unterschiedliche elektronische Signaturkarte benötigt. Ich finde es besser, die gesamten Prozesse in Augenschein zu nehmen, ggf. auch unter Vernachlässigung der Souveränität der Kommunen. In anderen Bundesländern, wie z. B. Bayern oder Mecklenburg-Vorpommern wird das Verfahren zentraler geregelt. Dort gibt es auch nur einen IT-Dienstleister, der für alle tätig ist. In Sachsen wird nach meiner Kennt-nis das Prozessmanagement mit nur einer Software durchgeführt und allen Kom-munen kostenlos zur Verfügung gestellt. Durch diese Zentralität nehmen alle Kom-munen mit dem gleichen Tool die Prozesse auf, analysieren sie und können sich darüber gut austauschen, ohne jedes Mal das Rad neu erfinden zu müssen. Dies bedeutet natürlich Verlust an Autonomie in den einzelnen Kommunen, die sich sagen lassen müssen, dass sie ein erprobtes Verfahren übernehmen und nicht ihr eigenes Modell aufziehen können. Gerade in den Fachbereichen stößt dies natür-lich nicht auf Gegenliebe.

In NRW wird überwiegend dezentral gearbeitet. Wir haben hier viele kommu-nale Rechenzentren. Außerdem wird genau geschaut, dass man als Land nicht in die Verpflichtung gerät, Leistungen an die Kommunen zu zahlen. Wenn wir noch weiter schauen und auf Dänemark oder Estland blicken, dann sehen wir dort eine andere Grundhaltung. Verglichen damit sind wir in Deutschland im digitalen Mit-telalter. Auch der Datenschutz kann nicht wirklich das ausschlaggebende Argu-ment sein, denn die Datenschutzgrundverordnung ist eine europäische Norm. Wa-rum ist es dann bei anderen Ländern einfacher als bei uns? Ich finde, wir sollten uns an dieser Stelle selbst mehr hinterfragen und überlegen, ob wir übers Ziel hi-nausschießen, auch wenn es durchaus positive Aspekte der Bürokratie gibt, die dazu beitragen, dass Deutschland in vielen Bereichen noch führend ist, z. B. beim Thema Antikorruption. Beim Thema Urheberschutz beispielsweise sehen wir aber, dass man versucht, die analoge Welt in die digitale Welt hinzupressen und das kann nicht funktionieren. Gerade bei der Digitalisierung muss man sich vom Status Quo lösen, einfach komplett anders denken und entsprechende Prioritäten setzen bzw. Lösungen finden.

7. Welche Veränderungen, glauben Sie, wird die Digitalisierung kurz-, mittel- und langfristig für Ihre aktuelle Arbeit mitbringen?

Wir treiben die Veränderungen voran, mit dem Ziel unsere Arbeit am Ende überflüssig zu machen. Dies wird jedoch noch lange dauern bzw. ein ewiger Prozess sein. In den Fachbereichen hilft Standardisierung und die durch die Digitalisierung auch ermöglichte Automatisierung die Routineaufgaben zu mindern und somit mehr Ressourcen freizusetzen, die für andere, vor allem wertschöpfende Aufgaben und Prozesse eingesetzt werden können.

8. Wie gehen Sie (persönlich und/oder im Team) aktuell mit den Veränderungen durch Digitalisierung um, sofern gegeben?

Offen und positiv, wenn auch nicht blauäugig. Denn ich sehe den „Stolperstein" Mensch. Wir können noch so viele Argumente haben, warum die Digitalisierung in bestimmten Bereiche nur Vorteile hat. Wenn die Menschen im Haus nicht mitspielen, teilweise aus nicht sachlich nachvollziehbaren Gründen, dann behindern sie das Verfahren. Dieser Aspekt ist manchmal zermürbend. Es hilft aber nicht. Man muss versuchen, auch die Menschen, mit einer hinsichtlich der Digitalisierung konservativen Haltung, mitzunehmen; durch Schulung, durch Überzeugung, durch Führung.

9. Was brauchen Sie persönlich, um die digitale Transformation in Ihrem Aufgabengebiet gut zu bewältigen? Oder anders ausgedrückt: Wenn Sie einen großen Wunsch frei hätten, der Ihnen bei der digitalen Transformation in Ihrem Aufgabengebiet helfen würde, welcher wäre es?

Ich würde mir eine große Offenheit wünschen, dass sich Menschen auf die Digitalisierung einlassen und sie einfach ausprobieren. Gerade bei Führungskräften ist es mir wichtig, dass sie vorangehen, mit eigener positiver Ausstrahlung, weil es die Mitarbeitenden und andere mitzieht. Die 10–15 Prozent der Verwaltung, die immer dagegen sind, bekommen wir natürlich nicht ins Boot, aber die Schwankenden. Wir haben viele gute Rückmeldungen erhalten von denjenigen, die sich darauf eingelassen haben. Sie sind teilweise Fans geworden und sehen die großen Vorteile ebenso wie die Punkte, die noch besser werden könnten. Es geht genau um dieses Einlassen und sich auseinandersetzen. Denn viele, die bis heute dagegen sind, haben keine wirkliche Offenheit gezeigt, haben sich nicht drauf eingelassen und sich damit auch nicht auseinandergesetzt.

Interview 7: Sandra Röhr, Assistentin im Geschäftsbereichsbüro für Umwelt, Bauen und Sport bei der Stadt Essen, Mitarbeiterin, 33 Jahre

1. Was verstehen Sie unter Digitalisierung?

Unter Digitalisierung verstehe ich, dass analoge Vorgänge in die digitale Form übertragen werden und somit weniger Papier genutzt werden muss.

2. Was verbinden Sie mit Digitalisierung in der öffentlichen Verwaltung?

Dass eigentlich die analogen Vorgänge digital abgewickelt werden können, also hauptsächlich Emails versendet werden oder der Bürger sein Anliegen online vorbringen kann und diese auch online bearbeitet werden.

3. Wie erleben Sie den Digitalisierungsprozess in Ihrem Haus?

Leider sehr schleppend. Was vermutlich dem Personalmangel zuzuschreiben ist, da Mitarbeitende fehlen, die die Digitalisierung auch vorantreiben könnten.

4. Was an der Digitalisierung reizt Sie? Was daran finden Sie positiv?

Ich finde an der Digitalisierung positiv, dass Ressourcen geschont und eingespart werden können, vor allem Papier, welches in der Verwaltung in großen Mengen verbraucht wird, da sehr viele Akten immer noch analog archiviert werden.

5. Was an der Digitalisierung stört oder sorgt Sie?

Sorgen bereitet mir in mancher Hinsicht der Datenschutz, denn es kann leider nicht immer eine sichere Übermittlung der Daten garantiert werden oder ist eben mit einem sehr hohen
Arbeitsaufwand verbunden, um Daten zu schützen. Hier muss ein sicheres System entwickelt
werden.

6. Welche Veränderungen, glauben Sie, wird die Digitalisierung kurz-, mittel- und langfristig für Ihre aktuelle Arbeit mitbringen?

Kurzfristig wird die Digitalisierung viel Arbeit bereiten, da erst einmal alles umgestellt werden muss. Mittelfristig wird die Digitalisierung die Arbeit erleichtern, da viele Prozesse vereinfacht werden können. Langfristig wird die Digitalisierung hoffentlich einen erheblich Beitrag zum Umweltschutz beitragen.

7. **Wie gehen Sie (persönlich und/oder im Team) aktuell mit den Veränderungen durch Digitalisierung um, sofern gegeben?**

Ich bin der Digitalisierung gegenüber sehr offen, was bei älteren Kolleginnen und Kollegen nicht immer der Fall ist, da ihnen oft das Verständnis für digitale Medien fehlt. Ich würde mich freuen, wenn die Digitalisierung schneller voranschreiten würde.

8. **Was brauchen Sie persönlich, um die digitale Transformation in Ihrem Aufgabengebiet gut zu bewältigen? Oder anders ausgedrückt: Wenn Sie einen großen Wunsch frei hätten, der Ihnen bei der digitalen Transformation in Ihrem Aufgabengebiet helfen würde, welcher wäre es?**

Viel Unterstützung in der Umsetzung, gute Wissensübermittlung zu den neuen Systemen, damit Fehler und Frustration gering gehalten werden, denn sonst wird die Digitalisierung nicht genutzt, wenn die Bedienung der neuen Systeme zu kompliziert und frustrierend ist.

Interview 8: Mitarbeiterin einer öffentlichen Einrichtung in einer deutschen Großstadt, 25–30 Jahre

1. **Was verstehen Sie unter Digitalisierung?**

Unter dem Begriff Digitalisierung verstehe ich den Prozess, die elektronische Anwendung von und den Umgang mit computergestützten Systemen und Medien, teils internetgebunden, in eine Lebensumwelt zu integrieren. Auf Grund der Zusammensetzung des Wortes und passiven Konnotation durch das Wortende „-ierung" – etwas wird in eine Form umgesetzt – erweckt der Begriff jedoch auch das Verständnis für den Prozess einer (Um-)Wandlung durch Dritte und die potenzielle Ablöse des Menschen und der zuvor handfest ersichtlichen, manuell gesteuerten und kontrollierten Alltagsabläufen, ob im positiven oder negativen Sinne.

2. **Was verbinden Sie mit Digitalisierung in der öffentlichen Verwaltung?**

Primär, das computerbasierte, konkret auch das internetgebundene Arbeiten und die damit verbundenen Telekommunikations- und Datenverarbeitungsmöglichkeiten sowie im Bereich der Planung, Organisation, Gestaltung und Mitteilung unter Kolleg*innen aber selbstverständlich auch unter Interessent*innen und bestimmten Angeboten oder Projekten (Informationsveranstaltungen/Präsentationen/Seminare/Verzeichniskataloge u. a.).

3. **Wie erleben Sie den Digitalisierungsprozess in Ihrem Haus?**

Der Digitalisierungsprozess erfolgt in einem angemessenen und vereinbarten Ablauf. Das Mindestmaß an elektronischen Geräten und eine Internetkompatibilität, die zur internen- und externen Kommunikation benötigt bzw. angeboten wird, liegt vor. Jede Mitarbeiter*in kann über ein eigenes Arbeitsbenutzerprofil (Kennung) am Computer unabhängig davon in welchem Büro, beispielsweise flexibel Dokumente bearbeiten und diese wiederum separat auf einer zentralen Basis zugänglich machen und für Kolleg*innen ablegen, so dass das gemeinschaftliche Arbeiten barrierefrei funktioniert. Ein ähnlich vorteilhafter Ablauf kann einem angebotenen E-Mailprogramm mit integrierter Kalenderoption zugesprochen werden, in dem u. a. zentrale Termine sowie geblockte Raumbelegungen ersichtlich werden/zentral freigegeben werden können. Präsentationen und Workshops erfolgen in gebuchten Computerräumen, falls Computer für ggf. Teilnehmende vorgesehen sind, oder in Veranstaltungsräumen meist unter Anwendung einer Beamerpräsentation neben Flipcharts oder Pinnwänden. Auch Druck-Scan-Kopier- und Faxmöglichkeiten bestehen, zum Teil über WLAN verbundene Geräte.

4. **Was an der Digitalisierung reizt Sie? Was daran finden Sie positiv?**

Der Digitalisierung im Allgemeinen würde ich positiv zuschreiben, dass gezielte Technikentwicklungen den Alltag angenehmer gestalten lassen. Damit meine ich nicht primär das schnellere oder automatisierte Arbeiten aus Bequemlichkeit, sondern vielmehr die Ermöglichung eines barrierefreieren Alltags, speziell im Hinblick auf Chancengleichheit, einer unkomplizierteren, auch globalen, Vernetzung sowie die Zeitgewinnung in diversen Arbeitsschritten.

5. **Was an der Digitalisierung stört oder sorgt Sie?**

Der Prozess der Digitalisierung im Lebensalltag und in der Arbeitswelt an sich stört mich nicht im Kern, sondern eher die schnelle Verbreitung, der zügige Gewöhnungsprozess an digitale Mittel und den quasi unbegrenzten Zugang zu Apps oder Tools sowie der Punkt, dass gewisse Dienstleistungen manchmal nur über eine App möglich sind (bestimmte Fahrtickets/Log-Ins). Das ist im Haus nicht der Fall, aber potenziell ggf. in anderen Arbeitsumwelten.

Das selbstständige Denken und Kreieren durch den Menschen, die Unabhängigkeit und gerade das Vertrauen in sich selbst sehe ich hierdurch geschwächt und zu einem bestimmten Grad auch gefährdet. Persönlich habe ich keine Tendenz dazu auf auto-fill oder direkte automatische Korrektur beispielsweise ohne Gegencheck zu nutzen. Der Großteil der Nutzer*innen, so erscheint es mir, verhält sich jedoch anders. Die größte Sorge bereiten jedoch die Sicherheitslücken innerhalb der digitalen Sphäre und der daraus notwendigerweise resultierende Schutz von persönlichen Arbeitsdaten/Daten von Arbeitnehmer*innen innerhalb der Institutionen vor ggf. Unternehmensforschungen bei Anwendung von Programmen/Geräten oder Hackerangriffen.

6. **Welche Veränderungen, glauben Sie, wird die Digitalisierung kurz-, mittel-
und langfristig für Ihre aktuelle Arbeit mitbringen?**

Je nach Programmentwicklungen, könnte es zur weiteren Integration von Tools kommen, die das Arbeiten in einer großen zu koordinierenden Gruppe weiter verbessert bzw. die schnelle Kommunikation zwischen allen Parteien möglich macht. Zur Kontaktaufnahme mit Dritten werden womöglich Social Media Apps sowie Onlineplattformen im Arbeitsalltag stärker als bereits gegeben eingebunden. Damit verbunden müssten angewandte Skills potenziell verstärkt und mehrere Gerätschaften wie zum Beispiel weitere Diensthandys oder Tablets für eine erfolgreiche Umsetzung angeschafft werden.

7. **Wie gehen Sie (persönlich und/oder im Team) aktuell mit den Veränderungen durch Digitalisierung um, sofern gegeben?**

Grundsätzlich bin ich gegenüber digitalisierten Arbeitsprozessen, die eine Verbesserung ermöglichen können, gute Kommunikation schaffen, in angemessenen Bereichen zeitlich entlasten und dabei teilweise umweltfreundlich sind, positiv gestimmt und sehr motiviert mich mit Erneuerungen auseinanderzusetzen. Es fällt mir persönlich nicht sehr schwer mit neuen Anwendungen umzugehen. Das genutzte Websitelayout ist beispielsweise barrierefrei gestaltet und hierzu mussten teilweise neue Programmpunkte in der Ausführung beachtet werden. Hierzu werden durch eine intern gegliederte und zentrale Stelle auch Schulungskurse angeboten. Die Einsatzbereitschaft zwischen Kolleg*innen sich untereinander neue Programme oder sei es ganz banal, ein Druckerproblem zu beheben, ist aber auch sehr hoch.

8. **Was brauchen Sie persönlich, um die digitale Transformation in Ihrem Aufgabengebiet gut zu bewältigen? Oder anders ausgedrückt: Wenn Sie einen großen Wunsch frei hätten, der Ihnen bei der digitalen Transformation in Ihrem Aufgabengebiet helfen würde, welcher wäre es?**

In einem Arbeitsfeld können sich Kolleg∗innen von ihren technischen Interessen und Fähigkeiten unterscheiden. Es wäre daher wünschenswert, und das nicht nur auf den persönlichen Arbeitsplatz bezogen, eine festgelegte Einführung in Programme, das persönliche Benutzerprofil und die damit verbundene Aufklärung über Datenspeicherungsprozesse zu erhalten. So wäre das Verständnis für digitale Prozesse gegeben und es wäre aufgeklärt inwiefern Daten sich bewegen.

Allgemein sollten Anschaffungsvorschläge von Programmen oder Apps team- und arbeitsfeldorientiert sein. Fortschritte der Technologie sind von Vorteil wie beispielsweise Schreibprogramme, die heutzutage gar nicht mehr wegzudenken sind. Es sind Tools, die es ermöglichen, Gedankengänge und Ideen und deren Änderungsprozesse festzuhalten und ohne viel Aufwand zu teilen. Wenn technische Kontrollen und Aufklärung der Nutzer∗innen in den Hintergrund treten oder nicht ausreichend gewährleistet sind und dies Risiken birgt, bevorzuge ich ein reduziertes Arbeiten mit bestimmten, digitalen Anwendungen. Diese Abwägung ist verständlicherweise fallkonstellationsabhängig zu treffen.

Interview 9: Neele Piepjohn, Mitarbeiterin im Bereich Verwaltungsentwicklung in einer norddeutschen Kommune, 26 Jahre

1. Was verstehen Sie unter Digitalisierung?

Digitalisierung bedeutet für mich mehr als die medienbruchfreie Abwicklung von Arbeits- und Kommunikationsprozessen. Sie bedeutet aus meiner Sicht umfangreiche Veränderungen in allen Lebensbereichen.

Mit der Digitalisierung kommen auch neue Fragen auf, beispielsweise die Frage, ob Mitarbeiter künftig Entscheidungen auf Grundlage von Algorithmen treffen sollten, die sie nicht mehr genau verstehen und erklären können. Oder soziale und gesellschaftliche Fragen, wie Fragen zum Arbeitsmarkt. Folgt man verschiedenen Studien werden angesichts der zunehmenden Automatisierung einfache und wiederkehrende Tätigkeiten künftig nicht mehr von Menschen ausgeführt, sodass Arbeitsplätze entfallen. Oder es stellt sich die Frage, wie sichergestellt werden kann, dass große Konzerne ihre Daten- und Marktmacht nicht missbrauchen.

Es geht also nicht nur darum, analoge Prozesse in eine digitale Verwaltung zu übertragen, nicht nur darum, sich selbst zu digitalisieren. Es geht um weitergehende Fragen, für die Gesellschaft und Verwaltung Antworten entwickeln müssen. Anders ausdrückt geht es darum, die mit der Digitalisierung einhergehenden Entwicklungen zu gestalten, sodass soziale Gerechtigkeit, die Einhaltung der Grundrechte und die Datenschutzrechte sichergestellt werden können.

2. Was verbinden Sie mit Digitalisierung in der öffentlichen Verwaltung?

Ich verbinde mit ihr konkrete Projekte, wie z. B. die Einführung der E-Akte. Dieses Thema schwebt seit Jahren über der Diskussion um die Digitalisierung. Seit kurzem kommt das Online-Zugangs-Gesetz hinzu; insofern verbinde ich mit der Digitalisierung aktuell Online-Verwaltungsleistungen, die unterschiedlich aussehen können. Ein Formular, das online ausgefüllt und anschließend ausgedruckt an die Verwaltung geschickt werden muss, ist aus meiner Sicht keine Online-Verwaltungsleistung. Verwaltung sollte hier schon einen höheren Anspruch haben. Das Ziel muss es sein, medienbruchfrei zu arbeiten und die Online-Verwaltungsleistung leicht zugänglich zu machen. Die eID-Technologie des Personalausweises, die dazu dient sich im Internet zu identifizieren, ist zu kompliziert und zu aufwendig. Das heißt, man kann heute schon Behördengänge elektronisch abwickeln, benötigt dafür aber ein Kartenlesegerät, wenn man nicht ein geeignetes Handy hat. Das ist aus meiner Sicht zu kompliziert für den Bürger.

Wichtig ist dabei auch, die Prozessoptimierung im Blick zu behalten. Es kann nicht das Ziel sein, die analogen Prozesse einfach zu übertragen. Man muss sich diese genau anschauen und sie ggf. anpassen. Wenn man jahrzehntealte Prozesse einfach digitalisiert und im Anschluss gezwungen ist, sie wieder anzupassen, ist dies finanziell und vom Personaleinsatz her sehr teuer. In der Prozessoptimierung liegen also große Potenziale. Hier stellt sich die Frage, ob Anträge überhaupt noch gestellt werden müssen oder ob Leistungen automatisch erbracht werden können durch einen verbesserten Datenaustausch zwischen den Behörden.

3. Wie erleben Sie den Digitalisierungsprozess in Ihrem Haus?

Wir haben ein großes Projekt zur Einführung der E-Akte. Dabei gibt es auf der einen Seite begeisterte Mitarbeiter, die sofort in das Thema einsteigen und auf der anderen Seite Widerstand gegen die Digitalisierungsbemühungen. Dieser Widerstand basiert aus meiner Sicht auf Ängsten und Bequemlichkeiten. Viele Menschen tun sich mit der E-Akte schwer und je nachdem, welche Stelle diese Menschen bekleiden, kann sich der Prozess auch schon mal hinziehen. Ansonsten haben wir die E-Rechnung relativ neu eingeführt.

4. Was an der Digitalisierung reizt Sie? Was daran finden Sie positiv?

Die Verwaltung ist in erster Linie für die Bürger da. Deshalb finde ich es gut und richtig, wenn man auf die Bedürfnisse der Bürger eingeht. Diese haben mittlerweile ja auch andere Ansprüche als Folge der privaten Lebensführung, z. B. durch den Online-Einkauf. Wenn man an diese Art Einkauf gewöhnt ist, will man keinen Urlaub nehmen, einen halben Tag im Amt verbringen und vor Ort Papier ausfüllen. Ich finde es gut, dass der Bürgerservice durch die Digitalisierung verbessert werden kann. Ich bin selbst auch Bürger und möchte meinen Antrag nach Feierabend von zu Hause aus machen.

Gleichzeitig finde ich es wichtig, dass die bestehenden Zugänge zur Verwaltung nicht gekappt werden. Es gibt immer Personen, die andere Bedürfnisse haben und gerne zum Amt gehen, beispielsweise um Kontakt mit anderen Menschen zu haben. Deswegen finde ich es wichtig, dass man als Verwaltung weiterhin über alle Kanäle erreicht werden kann, telefonisch, vor Ort, elektronisch. Letzteres sollte natürlich im Interesse der Bürger ausgeweitet werden.

5. Was an der Digitalisierung stört oder sorgt Sie?

Die Potenziale der Digitalisierung, wie die Zeitersparnis oder die Freisetzung von Ressourcen für andere Bereiche, werden sehr umfangreich kommuniziert; die Risiken werden eher ausgespart. In den Debatten geht es nur selten um die Frage, wie man mit Algorithmen umgehen soll, die berechnen können, wie alt oder krank eine Person wird. Diese Möglichkeiten haben konkrete Auswirkungen, beispielsweise können sich Versicherungen weigern, jemanden zu versichern. Die aufkommenden Fragen müssen von der Politik und im Anschluss von der Verwaltung beantwortet werden. Es müssen noch Rahmenbedingungen geschaffen werden, auf die Kommune selbst bezogen (Personalauswahl per DNA-Test), aber auch auf die Gesellschaft als Ganzes. Die Kommune gestaltet die Entwicklung der Gesellschaft und muss entsprechenden sozialen Entwicklungen auch entgegenwirken. Wenn es in der Privatwirtschaft zu solchen Entwicklungen kommt, d. h. die Digitalisierung genutzt wird, um noch effizienter zu arbeiten und Menschen dabei auf der Strecke bleiben, muss die Kommune gegensteuern, auffangen oder regulierend eingreifen. D. h. Digitalisierung darf nicht auf die Umwandlung der Arbeits- und Kommunikationsprozesse der Verwaltung begrenzt bleiben. Sie muss sich auch auf die Gesellschaft und die mit der Digitalisierung einhergehenden Entwicklungen beziehen, die am Ende ja wieder auf die Kommune zurückfallen.

Was die Verwaltung selbst betrifft, sehe ich die Abhängigkeit von großen IT-Konzernen als Problem. Diese Abhängigkeit betrifft auch die Privatwirtschaft, aber im Verwaltungskontext finde ich sie noch problematischer. Nimmt man z. B. SAP oder Microsoft, dann sind das Anwendungen, die von jeder Kommune genutzt werden. Aufgrund ihrer Marktmacht können die Konzerne Bedingungen diktieren, sodass plötzlich Daten in Clouds auf amerikanischen Servern liegen. Ich würde das Thema mit digitaler Souveränität umschreiben, von der ich glaube, dass sich Verwaltung diese erhalten muss. Verwaltungen sollten in der Lage sein, umzusteuern, für den Fall, dass Entwicklungen passieren, die man aus datenschutzrechtlicher Sicht nicht mittragen möchte. Vielleicht kann man auch von Demokratiesicherung sprechen. Wenn große Konzernen die Macht an sich reißen und den Staat umgehen, wenn sie Zugriff auf Daten bekommen, diese auswerten und möglicherweise beginnen zu manipulieren, dann ist die Souveränität des Staates zumindest angegriffen. Und wo läuft das hin? Da Verwaltungen flächendeckend z. B. auf Microsoft angewiesen sind, ist es notwendig, einen besseren Mix an Anbietern zu finden, z. B. auch in Form von Open-Source-Produkten. Diese stehen nicht direkt mit einer Firma in Verbindung, sondern sind frei verfügbar. Es wäre außerdem wichtig, europäische Projekte anzustoßen und zu fördern, die Software speziell für die Interessen der Verwaltung entwickeln.

Was mich noch stört: Zwischen den verschiedenen föderalen Ebenen als auch innerhalb der föderalen Ebenen wird zu wenig zusammengearbeitet. Hier existiert ein Flickenteppich aus verschiedenen Strategien, technischen Programmen und Lösungen sowie digitalen Angeboten. Dieses Phänomen führt auf der einen Seite zu Schnittstellenproblemen, wenn es um den Austausch zwischen Behörden oder Bundesländern geht. Auf der anderen Seite sind die Online-Leistungen für den Bürger verwirrend und unübersichtlich. Sie können von ihm nie gebündelt gefunden werden. Die eine Leistung wird von der Kommune, die nächste vom Land, die dritte vom Bund bereitgestellt. Sie stehen nicht auf einer Internetseite, sondern auf den individuellen Verwaltungsseiten. Außerdem ist es teuer, wenn jede Kommune das Rad neu erfindet, wenn jedes Bundesland beginnt, neu zu programmieren, selbst wenn die Gemeinde nebenan die Leistung schon digitalisiert hat. Entweder weiß man nichts von dieser Digitalisierung oder man möchte es selbst machen, sich verwirklichen. Die strategischen Ansätze greifen außerdem nicht ineinander, weil aus meiner Sicht die kommunale Ebene häufig außen vorgelassen wird. Beim Thema IT-Koordinierung zwischen Bund und Länder zum Beispiel, getragen vom IT-Planungsrat, sind die drei kommunalen Spitzenverbände zwar anwesend, haben aber kein Stimmrecht.

Die Harmonisierung ist aus meiner Sicht relativ gut im Bereich der Finanzverwaltung gelungen. Dort wird mit einem Vorhaben namens KONSENS eine Vereinheitlichung der Steuer-IT vorangetrieben, bei der einige Länder wechselseitig programmieren und das Verfahren anschließend bundesweit eingeführt wird. Finanziert wird KONSENS gemeinsam von allen Ländern und vom Bund. So sollte man es auch in anderen Bereichen machen. Man könnte so Standards vorgeben, die überall genutzt werden, und so Synergien nutzen. Dabei trifft man auf das Problem, welchen Standard man vorgibt. Auf kommunaler Ebene gibt es schon einiges, jeder hat zumindest kleine Verwaltungsleistungen digitalisiert. Und jede Verwaltung, egal ob Bund, Land oder Kommune, möchte weiterhin ihr Produkt nutzen. Diese Kontroversen werden daher auch auf der Länderebene deutlich. Wenn der Bund plötzlich grundsätzliche Standards für alle Bereiche vorschreiben würde, würden die Länder sofort auf die Barrikaden gehen.

Was mich zum Dritten stört: Mich stört die mangelnde Barrierefreiheit von IT-Programmen. Ich habe den Eindruck, dass die IT-Unternehmen dieses Thema gar nicht im Auge haben, weil es offenbar in der Privatwirtschaft nicht nachgefragt wird. Die Verwaltung ihrerseits denkt das Thema natürlich mit und muss deshalb teure Sonderwege programmieren. Die Firmen aber sollten das Thema von Anfang an in jede Software einbauen. Was sind Barrierefreiheitsanforderungen? Sie beginnen mit der Farbwahl und den Kontrasten, die deutlich und auch von Menschen mit rot-grün-Schwäche lesbar sein müssen. Es geht weiter über Programme, die vorlesbar sein müssen, für Menschen mit Sehbehinderungen. Zudem auch die Möglichkeit einer einfachen Navigation sowie wenn notwendig, kurze und eindeutige Texte in einfacher Sprache. Das ist ein breites Feld. Es wäre sinnvoll, hier Standards zu etablieren und durchzusetzen.

Was ich problematisch finde ist der Mangel an Digitalisierungsstrategien auf kommunaler Ebene. Der Deutsche Landkreistag hat im letzten Jahr eine Umfrage veröffentlicht, wonach nur 6 % der Landkreise eine Digitalisierungsstrategie besitzen, bzw. ihren Kreisentwicklungsplan auf das Thema Digitalisierung angepasst haben. Die strategischen Entwicklungen auf kommunaler Ebene sind bislang also sehr begrenzt. Einige Länder haben das Thema daher auf die Agenda gehoben. Baden-Württemberg hat beispielsweise einen Wettbewerb ausgegeben, wo es darum ging, Digitalisierungsstrategien auf kommunaler Ebene zu entwickeln. Die Teilnehmenden wurden dabei wissenschaftlich begleitet und inhaltlich unterstützt. Diese Unterstützung ist aus meiner Sicht der zentrale Faktor. Es ist wichtig Digitalisierungsstrategien zu entwickeln, die ihren Namen auch verdienen und die sich wirklich strategisch mit dem Thema auseinandersetzen. Aus meiner Sicht sind viele Digitalisierungsstrategien auf Bundes- und Landesebene von wenig Aussagekraft. Es werden nur Themen aufgelistet, die gerade aktuell sind, ohne Priorisierung, ohne erkennbare Schwerpunktsetzung und ohne anfängliche Standortbestimmung.

6. **Welche Veränderungen, glauben Sie, wird die Digitalisierung kurz-, mittel-
und langfristig für Ihre aktuelle Arbeit mitbringen?**

Zum einen wird meine Arbeit selbst digitaler, denn ich beschäftigte mich mit der
E-Akte, mit der E-Rechnung und dem Aufbau einer neuen Ablagenstruktur für
unseren Bereich. Bei uns soll künftig papierfrei gearbeitet werden.

Auf der anderen Seite gibt es andere Projekte im Bereich der Verwaltungsentwicklung, wie den OZG-Prozess mit der Einführung der Online-Verwaltungsleistungen,
der Registermodernisierung, der elektronischen Authentisierung oder dem E-Payment. Und zum Schluss den besseren Datenaustausch zwischen den Behörden, so
dass Anträge in Zukunft z. T. überflüssig werden könnten.

7. **Wie gehen Sie persönlich mit den Veränderungen durch Digitalisierung
um, sofern gegeben?**

Ich versuche immer offen zu sein. Aus meiner Sicht ist die innere Haltung das
Wichtigste, denn man kann alles lernen, wenn man will. Außerdem gibt es beglei-
tende Schulungen, z. B. für die E-Akte. Es ist schön, wenn man mit Hilfe eines
einfachen Anmeldeweges zu den nötigen Schulungen gehen kann. Aus meiner
Sicht ist es wichtig, neue Wege gehen zu wollen, sich selbst auch einzuarbeiten und
keine Berührungsängste zu haben. Ich habe sogar schon einmal als Administrator
fungiert, obwohl ich mit dem Programm vorher noch nie gearbeitet hatte. Wichtig
ist einfach Offenheit und eine spielerisch-ausprobierende Haltung.

8. **Was brauchen Sie persönlich, um die digitale Transformation in Ihrem
Aufgabengebiet gut zu bewältigen? Oder anders ausgedrückt: Wenn Sie
einen großen Wunsch frei hätten, der Ihnen bei der digitalen Transformation in Ihrem Aufgabengebiet helfen würde, welcher wäre es?**

Zum einen wäre es wichtig, mit sinnvollen Programmen arbeiten zu können, z. B.
mit der Pro Version von Adobe Acrobat und nicht nur mit dem Basisprogramm. Die
Basisversion bietet nämlich leider nicht die notwendigen Werkzeuge zur Herstel-
lung von barrierefreien PDF-Dokumenten. Und beim Fortbildungsprogramm
würde ich mir speziellere Angebote wünschen, insbesondere im Hinblick auf das
Thema der Barrierefreiheit.

Außerdem wünsche ich mir eine bessere Ausstattung mit mobilen Geräten, um
ortsunabhängig arbeiten zu können, z. B. mit Laptops oder Tablets. Da ist noch
Luft nach oben.

Nachbetrachtungen 7

Dass die digitale Transformation in Kommunen ansteht, ist unbestritten; ihre Notwendigkeit und Dringlichkeit wird auch von den Interviewpartnerinnen und -partnern bestätigt. Der Umgang mit den anstehenden Veränderungen fällt jedoch unterschiedlich aus. Während manche der Beteiligten vor dem Hintergrund des Online-Zugangs-Gesetzes und des E-Government-Gesetzes in der Digitalisierung vor allem die technische Umstellung der Leistungen und Prozessen sehen, sind andere gedanklich schon mit den weiterführenden Fragen beschäftigt. Diese ranken um Themen wie Partizipation und neue Formen der Bürgerbeteiligung, durchdachte Nutzung von Big Data, Beschränkung von globalen Playern und Schutz europäischer Freiheitsrechte. Offen ist auch noch die Frage, wie der Austausch über die Grenzen des eigenen Hauses hinweg künftig aussehen kann. Eine größere Zusammenarbeit und Abstimmung zwischen den verschiedenen föderalen Ebenen als auch zwischen den Kommunen wäre sehr zu begrüßen. Auf diese Weise könnten gute Ideen und Erfahrungen von anderen nicht nur genutzt werden. Es könnte auch zu einer flächendeckenden Standardisierung von Prozessen und übergeordneten Themenstellungen (Smart City) kommen, in deren Zug sich Digitalisierung von Verwaltungen vereinfachen und beschleunigen lassen würde (Interview 2, Interview 6 und Interview 9).

Wichtig erscheint in jedem Fall die Einsicht, dass hinter jeder Form der Digitalisierung Menschen stehen, die sie entweder antreiben oder ihre Auswirkungen spüren. Und während gerade jüngere Menschen der Veränderung tendenziell offen gegenüber stehen und vor allem die Chancen in ihr sehen, geben sich Menschen, die

© Springer Fachmedien Wiesbaden GmbH, ein Teil von Springer Nature 2020   139
C. Winners, *Fit für den digitalen Wandel in Kommunen*, Edition Innovative
Verwaltung, https://doi.org/10.1007/978-3-658-28497-8_7

nicht mit digitalen Medien aufgewachsen sind, etwas zögerlicher bei der Umstellung. Umso wichtiger ist es, die Mitarbeiterinnen und Mitarbeiter der Verwaltungen aller Alters- und Bildungsstufen gut mitzunehmen. Dies geschieht wie beschrieben durch eine saubere Organisation des digitalen Wandels (wie Digitalisierungsteam, Vorstandsworkshops, digitale Lotsen, culture hacks), durch transparente und empfängerorientierte Kommunikation (persönliche Veranstaltungen, moderne Intranetauftritte, klassische schwarze Bretter usw.), Arbeit an der Öffnung der Verwaltungskultur sowie intensive Personalentwicklung mit verschiedenen Modulen. Gerade ältere Führungskräfte und Mitarbeitende sollten dabei nicht „abgeschrieben" werden. Sie bilden in der Regel nicht nur zahlenmäßig das Rückgrat von Verwaltung, sondern sind auch Know-how- und Erfahrungsträger. Umso wichtig ist es, gemeinschaftlich zu überlegen, welche Personalentwicklungsmaßnahmen zum Haus passen, diese zügig auf den Weg zu bringen und die Menschen mitzunehmen, ohne die der digitale Wandel in Kommunen nicht denkbar ist.

Literatur

Kabat-Zinn, J. (2007). *Im Alltag Ruhe finden*. Frankfurt a. M.: Fischer.
KRZN – Kommunales Rechenzentrum. (2019). https://wissen.krzn.de. Zugegriffen am 15.07.2019.
Leuphana Universität Lüneburg. (2015). Führen auf Distanz erfolgreich gestalten. https://www.leuphana.de/fileadmin/user_upload/Forschungseinrichtungen/ipm/files/Fuehren_auf_Distanz.pdf. Zugegriffen am 15.07.2019.

© Springer Fachmedien Wiesbaden GmbH, ein Teil von Springer Nature 2020   141
C. Winners, *Fit für den digitalen Wandel in Kommunen*, Edition Innovative Verwaltung, https://doi.org/10.1007/978-3-658-28497-8

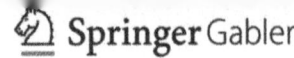

The manufacturer's authorised representative in the EU is Springer
Nature Customer Service Centre GmbH, Europaplatz 3, 69115 Heidelberg,
Germany. If you have any concerns regarding our products, please
contact ProductSafety@springernature.com

Printed and bound by CPI Group (UK) Ltd, Croydon, CR0 4YY

24/04/2026

02096335-0010